Günther Haensch – Mariano Puy Costa † – Hans Schneider

ESPAÑOL VIVO

W0089771

GÜNTHER HAENSCH – MARIANO PUY COSTA †
HANS SCHNEIDER

ESPAÑOL VIVO

Ejercicios prácticos de lengua española

Morfología – Sintaxis – Ortografía – Vocabulario –
Fraseología y modismos – Estilística

MAX HUEBER VERLAG

ISBN 3–19–00.4004–4
7. Auflage 1975
© 1960 Max Hueber Verlag München
Umschlaggestaltung: Peter Schiffelholz, München
Satz: Friedrich Pustet, Regensburg
Druck: Ludwig Auer, Donauwörth
Printed in Germany

INDICE DE MATERIAS

III. Estilística

1. Ejercicios muy fáciles

Sustituir los puntos por la palabra que exige el sentido:

1. España es la patria de treinta millones de españoles.
2. La capital de España es Madrid.
3. Otras ciudades importantes son Barcelona, Valencia, Sevilla, Málaga, Bilbao y Zaragoza.
4. Barcelona es la capital de Cataluña.
5. España tiene altas montañas, como los Pirineos y la Sierra Nevada.
6. Los ríos más importantes de España son el Ebro, el Guadalquivir, el Tajo, el Guadiana, el Duero y el Miño.
7. La capital de Portugal es Lisboa. ‑
8. Otros territorios no españoles de la Península Ibérica son Portugal, la República de Andorra (situada en los Pirineos) y el territorio de Gibraltar.
9. El puerto más importante del Norte de España es Bilbao.
10. Las joyas de Andalucía son la Giralda de Sevilla, la Mezquita de Córdoba y la Alhambra de Granada.

2. Ejercicios de lectura

Leer las frases siguientes:

A.
1. Esta escuela tiene 120 alumnos.
2. De aquí a Madrid hay 100 kilómetros.
3. x, b, c, ll, v, z, f, y, w, j, d, h, l, n, g, r, e, t, ch, ñ.
4. Estamos a 3 grados bajo o. Son las 7. Es la 1. Tengo 18 años. Hoy es el 1º de enero.
5. Este zapatero es de Zaragoza.
6. La niña tiene una muñeca pequeña que compró en Sevilla.
7. Aquella muchacha lleva un collar de mucho valor.
8. Las peras de ese árbol están ya maduras.
9. Ramón ha roto el reloj que le regaló su madre.
10. El perro de Roberto mordió a la rata en el rabo.

B.
1. Tengo 5 hermanos.
2. Ya son las 10.

3. Mi padre tiene 2 coches.

4. Tenemos 8 libros.

5. El tren sale a las 9.

6. Somos 18 alumnos.

7. Vive en la calle de Alcalá, número 15.

8. He comprado 4 huevos.

9. Aquella casa tiene 6 pisos.

10. En esta casa hay 19 personas.

11. Hoy es el 13 de marzo.

12. Tengo 7 libros nuevos.

13. Mi hermano llega el 16 ó 17 de este mes.

14. El niño tiene 12 años.

15. El tren de Madrid llega a las 11.

3. Ejercicios sobre el uso del artículo definido

Póngase el artículo definido en lugar de los puntos:

1. ¿Dónde está ... cocina?

2. ¿Tienes ... periódico de hoy?

3. ... agua está fría.

4. la Alta Baviera es muy bonita.

5. ... arpa es un instrumento de música.

6. ... amiga de Juanita es simpática.

7. ... Haya es ... capital de Holanda.

8. José es ... mejor alumno de ... clase.

9. ... garaje es muy pequeño.

10. ... alemanes beben mucha cerveza.

11. ... amigos de Carmen están en ... jardín.

12. ... armas modernas son terribles.

13. ... ríos españoles llevan poca agua.

14. ¿Dónde está ... diccionario?

15. ¿Tienes ... llaves de ... casa?

4. Ejercicios sobre el uso de los verbos «tener» y «haber» (y del verbo impersonal «hay»)

Suplir los puntos con las formas correspondientes de los verbos «tener» o «haber», según convenga:

1. Mi hermana ... veinte años. *tiene*
2. En este café ... mucha gente. *hay*
3. Hoy [nosotros] ... trabajado mucho. *hemos*
4. ¿Cuántos años ... Vd.? – [Yo] ... treinta y cinco años. *tiene / tengo*
5. [Haber, *impersonal*] ... que ... mucha paciencia. *Hay / que tener*
6. Madrid ... más de dos millones de habitantes.
7. [Tú] ... que esperar un poco.
8. ¿[Tú] ... visto esta película? – [Yo] no la ... visto todavía, pero [yo] ... que verla.
9. ¿[Vosotros] ... mucho sueño? *Tenéis*
10. En Alemania ... muchos bosques. – Alemania ... muchos bosques. *hay / tiene*
11. ¿[Vosotros] ... cenado ya?. – [Nosotros] no ... cenado todavía. *Habéis / hemos*
12. No ... [haber, *impersonal*] (un) coche mejor que el mío. *hay*
13. España ... casi 30 millones de habitantes.
14. No ... Vd. derecho a hablar así. *tiene*
15. El año ... 365 días. *tiene*

5. Ejercicios sobre el artículo indefinido

Póngase el artículo indefinido en lugar de los puntos:

1. Tengo ... libro.
2. Tenemos ... hermana.
3. Voy a tomar ... café con leche.
4. Tenéis ... casa muy bonita.
5. ¿Hay ... garaje por aquí cerca?
6. Carmen es ... ama de casa muy trabajadora.
7. Tengo ... hambre atroz.
8. ¿Tienes ... cigarrillo para mí?
9. Inglaterra es ... nación muy importante.
10. Pepita es ... amiga sincera.

6. Sobre el género del sustantivo

Póngase ante los sustantivos siguientes el artículo definido, e indíquese el género de cada sustantivo:

·.. idioma	... reuma	... mano
·.. agua	... ave	... aves
... andén	... acta	... actas
... leche	... liebre	... miel
... arte	... artes	... color
... águila	... habla	... alta sociedad
... nación	... amiga	... puente
... haba	... habas	... garaje
... agradable	... útil	... águilas

7. Sobre el verbo «estar»

Establecer la debida concordancia en las siguientes frases:

1. Mi padre (estar) enfermo.
2. ¿Dónde (estar) los niños? – Creo que (estar) en el jardín.
3. [Nosotros] (estar) en la clase.
4. ¿Cómo (estar) Vd.? – ¿Cómo (estar) Vds.?
5. Los niños (estar) jugando.
6. El café (estar) caliente.
7. ¿(Estar) [tú] contento?
8. [Yo] (estar) satisfecho de mi trabajo.
9. ¿Dónde (estar) [vosotros]?
10. Esta mesa (estar) muy sucia.
11. ¿Dónde (estar) los libros? – Me parece que (estar) en la estantería.
12. Hace mucho calor, pero aquí en el jardín [nosotros] (estar) muy bien.

8. Ejercicios sobre el adjetivo

Añadir a los siguientes adjetivos las terminaciones convenientes:

1. Esta torre es alt ...
2. Mi madre está muy cansad ...
3. He comprado dos camisas blanc ... y dos de color negr ...

4. El agua está frí …
5. Estas flores son hermos …
6. Mis padres son ya viej …
7. Estamos cansad … y tenemos much … sed.
8. Este mantel está suci …
9. Los catalanes son muy trabajador …
10. El español es un idioma muy hermos … y sonor …

9. Ejercicios sobre la conjugación de «ser», «estar», «tener» y de los verbos de la primera conjugación

Establecer la debida concordancia en las siguientes frases:

1. Mi padre (trabajar) ocho horas diarias.
2. [Nosotros] (estar) muy cansados.
3. ¿(Hablar) Vd. español?
4. Los alumnos (estudiar) mucho.
5. La primera lección (ser) aún fácil, la segunda (ser) ya un poco más difícil.
6. ¿Qué (desear) Vd.?
7. [Tú] (tener) libros muy interesantes.
8. El señor García (ser) español.
9. ¿Quién (ser) este señor? – (Ser) el portero de nuestra casa.
10. Hoy (faltar) cuatro alumnos.
11. El señor que (pasar) es mi profesor.
12. ¿[Tú] no (fumar), verdad?
13. ¿Dónde (trabajar) Vd.? – [Yo] (trabajar) en una fábrica.
14. ¿Cuántos hermanos (tener) Vd.? – [Yo] (tener) cinco hermanos.
15. ¿Por qué no (trabajar) [vosotros]? – [Nosotros] (estar) muy cansados.
16. Esta mujer me (cansar), [ella] (hablar) todo el día.
17. (Ser) muy tarde. Los niños (estar) ya en la cama.
18. Mi padre (tener) un coche nuevo.
19. ¿Cuándo (llegar) tu hermano? – Ha (llegar) ya esta mañana.
20. Carmen (tocar) muy bien el piano.
21. [Nosotros] (tomar) el té a las cinco.
22. [Yo] he (comprar) una casa de campo.
23. ¿Cuántos idiomas (hablar) Vd.? – [Yo] (hablar) tres idiomas, el francés, el inglés y el español.

24. ¿Cómo (estar) [tú]? – Gracias, [yo] (estar) muy bien. [Yo] (tener) mucho trabajo, pero también (ganar) bastante dinero.
25. El año bisiesto (tener) un día más, que se (añadir) a febrero.

10. Ejercicios de vocabulario

Completar las frases siguientes con el correspondiente nombre genérico:

1. El Tajo es un ...
2. La rosa es una ...
3. El Vesubio es un ...
4. La golondrina es un ...
5. Sevilla es una ...
6. El perro es un ...
7. La pintura es un ...
8. La tuberculosis es una ...
9. La abeja es un ...
10. La plata es un ...

11. Sobre el uso de los verbos «ser», «estar» y «tener»

Establecer la debida concordancia en las siguientes frases:

1. Madrid (ser) la capital de España.
2. ¿(Tener) Vd. un libro sobre España?
3. [Nosotros] (estar) muy cansados.
4. [Yo] (tener) las llaves en el bolsillo.
5. Mi amigo (ser) profesor de español.
6. [Yo] (ser) de Madrid.
7. [Tú] (ser) muy joven.
8. [Nosostros] (ser) todos españoles; sólo Juan (ser) argentino.
9. ¿Cuántos (ser) [vosotros]? – [Nosotros] (ser) cinco.
10. Cuatro de los alumnos (ser) franceses, tres alemanes y cinco ingleses.
11. ¿De dónde (ser) Vd.? – [Yo] (ser) de Burgos.
12. El agua de esta botella (estar) muy caliente.
13. (Ser) muy tarde para salir y [yo] (estar) muy cansado.
14. ¿Qué hora (ser)? – (Ser) las cinco y media.
15. [Nosotros] (estar) rendidos; (tener) mucho sueño.

12. Ejercicios sobre el uso de «ser» y «estar»

Explicar la diferencia entre las siguientes frases:

1. a) La escalera es muy oscura.
   b) La escalera está muy oscura.
2. a) Tu hermano es listo.
   b) Tu hermano está listo.
3. a) Este señor no es muy amable.
   b) Este señor no está muy amable.
4. a) Aquella muchacha es guapa.
   b) Aquella muchacha está guapa.
5. a) Tu coche es nuevo.
   b) Tu coche está nuevo.
6. a) El muchacho es vivo.
   b) El muchacho está vivo.
7. a) Juan es tranquilo.
   b) Juan está tranquilo.
8. a) El alumno es atento.
   b) El alumno está atento.
9. a) Enrique es malo.
   b) Enrique está malo.
10. a) Tus amigos son alegres.
    b) Tus amigos están alegres.

13. Ejercicios sobre los verbos regulares y auxiliares

A. *Establecer la debida concordancia en las frases siguientes:*

1. Cataluña (tener) cuatro provincias.
2. Hoy [nosotros] (comer) muy tarde.
3. Carmen (ser) más alta que Juanita.
4. Este alumno (ser) inteligente, pero no (trabajar) mucho.
5. [Nosostros] (estudiar) mucho.
6. ¿Por qué [vosotros] no (tomar) el tren de las cuatro?
7. Vd. (llegar) muy tarde.
8. ¿Cómo se (llamar) este niño?
9. [Yo] (recibir) muchas cartas de España.

10. Los alemanes (beber) más cerveza que vino.
11. El niño (llorar) porque (tener) hambre.
12. Luisa (cantar) mientras su hermana (escribir).

B. *Pónganse los verbos siguientes en la forma correspondiente del plural.*
(Ejemplo: El niño está cansado. – Los niños están cansados).

1. Tengo mucho trabajo.
2. ¿Cómo se llama Vd.?
3. ¿Por qué no trabajas hoy?
4. Cantas muy bien.
5. No tengo mucho apetito.
6. Soy de Bilbao.
7. ¿Estás cansado?
8. El alumno compra un cuaderno.
9. La casa de mi padre es muy hermosa.
10. Tienes un coche muy moderno.

14. Ejercicio de conversación

Contestar a las preguntas siguientes:

1. ¿Cuántos años tiene Vd.?
2. ¿Tiene Vd. hermanos?
3. ¿Cómo se llama Vd.?
4. ¿A qué hora se levanta Vd.?
5. ¿Cuántos idiomas estudia Vd.?
6. ¿Dónde viven sus padres?
7. ¿Fuma Vd.?
8. ¿Tiene Vd. libros españoles?
9. ¿Le gusta la cerveza?
10. ¿Bebe Vd. vino?

15. Ejercicios de vocabulario

A. *Sustituir por su antónimo el adjetivo que va en letra cursiva:*

1. Esta película es muy *buena*.
2. Carlos es muy *viejo*.
3. El agua está *fría*.

4. Nuestra casa es muy *grande*.
5. Tengo *poco* dinero; tengo *poco* apetito.
6. Este ejercicio es muy *fácil*.
7. La ventana está *cerrada*.
8. Ese traje es *el más caro* de todos.
9. Mi café está *dulce*.
10. Aquel muchacho es *inteligente*.

B. *Expresar palabras de significación contraria a las siguientes:*

la noche (el día)	la tristeza	el vicio
la guerra	la juventud	el gigante
la amargura	la bondad	el ruido
la belleza	la venta	el honor
la riqueza	el frío	la soberbia

16. Palabras que se confunden con frecuencia

Explicar – con ejemplos – la diferencia entre las siguientes palabras:
1. el montañero – el montero – el montañés
2. el partido – la partida
3. el parte – la parte
4. el cometa – la cometa
5. tocar – jugar (ambos verbos corresponden en alemán a: *spielen*; en francés a: *jouer*; en inglés a: *to play*)
6. la cartera – la cartelera
7. el editorial – la editorial
8. el corte – la corte
9. el capital – la capital
10. el río – la ría

17. Ejercicios sobre los verbos regulares y auxiliares

Conjugar las frases siguientes en todas las personas del presente de indicativo:
1. (Comer) muy tarde.
2. (Levantarse) temprano.
3. (Beber) mucho vino.
4. (No lavar) la ropa en casa.
5. (Tener) miedo.
6. (Ser) feliz.
7. (Escribir) una carta.
8. (Estar) cansado.
9. (Vivir) en el campo.
10. (Hablar) español.

18. Ejercicios sobre el plural de los nombres

Formar el plural de los sustantivos y expresiones siguientes e indicar si hay cambios ortográficos (z en c, acento gráfico, etc.):

el agua	el ferrocarril	el lord
el inglés	el cartel	el cártel
la bocacalle	el albornoz	el martes
el mes	el buey	la crisis
el clavel	el régimen	el jabalí
el tío	la ley	el pie
el andén	la cruz	el papá
el carácter	la nación	el andaluz
el hacha	el sofá	la mies
la niña hermosa	el individuo grandote	el gato chiquitín
el toro bravo	el señor distinguido	la tarea difícil

19. Ejercicios sobre el imperativo

Poner en la persona correspondiente del imperativo los verbos que están entre paréntesis:

1. ¡(Comer) un poco, niño!
2. ¡No (beber) Vd. tanta agua fría!
3. ¡Niños, (cantar) un poco!
4. ¡(Tener) [tú] un poco de paciencia!
5. ¡No (llorar) Vd.!
6. ¡No (trabajar) [vosotros] tanto!
7. ¡(Escribir) [tú] una carta a tu padre!
8. ¡(Llamar) Vd. al médico!
9. ¡No (lavar) [tú] esta ropa en agua fría!
10. ¡(Trabajar) [vosotros] un poco más!

20. Ejercicios sobre el verbo «hacer»

Suplir los puntos con formas del verbo «hacer»:

1. ¿Qué ... Vd.?
2. Hoy ... mucho sol.
3. [Yo] no ... nada.

4. [Tú] ... muy poco.
5. Vds. ... el trabajo muy bien.
6. La herida me ... mucho daño.
7. ¿Qué ... [vosotros] esta tarde?
8. [Nosotros] ... la traducción para mañana.
9. ¡No ... Vd. esto!
10. Esto nace y no se ... *(Refrán)*.

21. Ejercicios sobre el uso del acento gráfico

Poner en el lugar de los puntos la partícula que corresponda:

A. *que; qué*
1. ¿De ... habla el profesor?
2. ¡ ... alegría más grande!
3. ¿Por ... no trabajas hoy?
4. No comprendo de ... se trata.
5. ¡ ... venga la secretaria!
6. ¿ ... es esto?

B. *porque; por qué*
1. El contable no trabaja ... está enfermo.
2. ¿ ... tienes tanto miedo?
3. ¿ ... no habéis escrito la carta?
4. Este alumno habla poco español ... no estudia.

C. *como; cómo*
1. ¿ ... se llama Vd.?
2. No comprendo ... has terminado el trabajo tan pronto.
3. Este vino no es tan fuerte ... el de ayer.
4. Conchita trabaja ... secretaria.

D. *solo; sólo*
1. Cuando estoy ... aprovecho el tiempo.
2. Hay personas que ... tienen amor al dinero.
3. Quiero estar ..., aunque ... sea durante algunos días.
4. Aquel ... de violín fue ejecutado magistralmente.
5. Todo esto es obra de un ... hombre.
6. Ya ... faltan quince días para los exámenes.

E. *aun; aún*
1. ¿ ... no ha llegado tu amigo?
2. No he visto ... a mi hermano, pero he visto a un amigo suyo.
3. No se enteró nadie, ni ... el director.
4. No tengo yo tanto, ni ... la mitad.
5. No podría hacerlo ... cuando quisiera.
6. He de hablar tan alto que ... los sordos han de oírme.

22. Ejercicios sobre los verbos regulares

Poner los verbos que van en infinitivo en la forma del presente que exige el sentido de la frase:

1. Los bávaros (beber) mucha cerveza.
2. El niño (escribir) una carta a su padre.
3. En el reloj de la catedral (dar) las doce.
4. La madre (lavar) la ropa de los niños.
5. El tren de Valencia (llevar) una hora de retraso.
6. ¿Por qué no (escribir) [nosotros] una postal a José?
7. Vd. (tener) razón.
8. [Tú] no (comer) mucho.
9. Hoy papá (llegar) muy tarde.
10. Mi primo (vivir) en Francia.
11. Los viajeros (subir) al tren.
12. ¿A qué hora (cenar) [vosotros]? – [Nosotros] (cenar) a las ocho.
13. Muchos enfermos (tomar) el desayuno en la cama.
14. El sol (iluminar) la tierra.
15. ¿Cuándo (llegar) el tren de Pamplona?

23. Ejercicios sobre el adjetivo

A. *Añadir a los siguientes adjetivos las terminaciones correspondientes:*

1. Tenemos much ... trabajo.
2. Tenéis much ... flores muy hermos ...
3. Esta postal es bonit ...
4. Esta silla es muy cómod ...
5. Tu casa es ampli ...
6. ¿Tiene Vd. tod ... los documentos?
7. ¿Cuánt ... hermanos tienes?

8. Esto no tiene much ... importancia.
9. Tengo poc ... suerte.
10. Este coche negr ... es muy hermos ...

B. *Póngase el adjetivo en la forma (género y número) que exige el contexto:*
1. El agua está (frío).
2. Los niños están (solo) en casa.
3. Esta torre es muy (alto).
4. Estos artículos son muy (caro).
5. Juan es un chico (tonto).
6. Esta señora es (amable).
7. ¿Sabes las (último) noticias?
8. La casa tiene habitaciones muy (amplio).
9. Aquel niño tiene la boca muy (ancho) y la nariz muy (largo).
10. La leche es muy (sano).

24. Sobre el uso de verbos y preposiciones

Expresar los verbos que van entre paréntesis en la forma debida y suplir los puntos con la preposición conveniente:
1. ¿(Viajar) Vd. ... tren o ... avión?
2. [Yo] (mandar) todas las cartas ... América ... avión.
3. Me gusta viajar ... avión.
4. ¿Por qué (estar) Vd. ... pie? (Tomar) Vd. asiento.
5. El discurso del presidente (ser) muy largo.
6. ¿Qué tal la fiesta ... esta tarde?. – Pues, lo hemos (pasar) muy bien.
7. ¡Adelante! [Nosotros] (tener) mucha prisa. El tren (salir) dentro ... veinte minutos.
8. El visitante (besar) la mano ... la esposa ... alcalde.
9. Este hombre (estar) aquí ... más.
10. La noticia ... su llegada nos ha (sorprender) mucho.

25. Ejercicios sobre las preposiciones

Colocar en lugar de los puntos la preposición (o conjugación) adecuada:
1. Estoy ... acuerdo ... Vd.
2. José se va ... extranjero.
3. Acabo ... llegar ... París.

4. Este avión sale ... Londres.
5. Te mandaré los papeles ... correo.
6. Te regalo esta botella ... coñac ... tu cumpleaños.
7. Tengo ganas ... ir ... teatro.
8. Has ... ir ... casa. Tienes ... ir ... casa.
9. Hay que tomar las cosas ... calma.
10. Déjame ... paz.

26. Ejercicios de acentuación

Colocar en lugar de los puntos la partícula adecuada:

A. *donde; dónde*
1. ¿ ... vives? No sé ... vives.
2. ¿En ... lo podemos hallar?
3. La ciudad ... vivía ha sido destruida por un terremoto.
4. Estos son los hechos, de ... se infiere que el acusado es inocente.
5. Mañana te esperaré ... te he esperado hoy.
6. ... las dan, las toman. *(Refrán)*

B. *adonde; adónde*
1. ¿ ... vas? ¿ ... te encaminas?
2. Se encaminó ... le dije.
3. Todavía no sé ... ir este verano.
4. Conozco muy bien la ciudad ... te diriges.
5. No he podido averiguar ... se lo llevaron.
6. ¿Sabes ... conduce este camino?

C. *este, ese, aquel; éste, ése, aquél*
1. ... señor es el propietario de ... coche.
2. Ganó todas ... riquezas en América.
3. Por ... vez te perdono.
4. ¿Cuál de ... coches te gusta más? Me gusta más ...
5. El coro se componía de niños y niñas: ... vestidas de blanco, ..., de azul.
6. Y señalando a los cañones dijo: «... son mis poderes».
7. Divididos estaban caballeros y escuderos: ..., contándose sus vidas, y ..., sus amores.
8. Son mejores ... naranjas que ...
9. Me está preocupando el asunto ...

D. *quien; quién*

1. ¿... llega? ¿A ... temes? ¡... lo hubiera sabido! ¿... vienen de excursión?
2. ¿No conoces al hombre a ... estás hablando?
3. No procede con rectitud ... procede así.
4. ... más, ... menos, todos tenemos defectos.
5. ¡... supiera escribir!
6. Dime con ... andas y te diré ... eres. *(Refrán)*
7. Haz bien y no mires a ... *(Refrán)*
8. ... mal anda, mal acaba. *(Refrán)*

27. Ejercicios sobre las preposiciones

Sustituir los puntos por la preposición conveniente:

1. Mi hermano vive ... Sevilla.
2. Esta tarde vamos ... cine.
3. Tienes que escribir una carta ... tu padre.
4. Cinco días ... la semana vamos ... la escuela.
5. El profesor escribe las palabras difíciles ... la pizarra.
6. ¿Cuándo llegarás ... Valencia?
7. ¿Qué significa esta expresión ... alemán?
8. Mi hermana trabaja ... una fábrica.
9. El profesor explica la gramática ... inglés, más tarde la explicará ... español.
10. Los alumnos apuntan las palabras desconocidas ... un cuaderno.
11. Los días de fiesta voy ... la misa ... las siete ... mi hermana.
12. ... España se come y se cena más tarde que ... el resto de Europa.
13. Desayuno y ceno ... casa, pero ... mediodía como ... un restaurante.
14. ¿... qué hora se levanta Vd.?
15. Este chocolate es ... los niños.
16. El tren llega ... las ocho y media ... la tarde.
17. Voy ... tomar el tren ... las cinco.
18. He comprado un kilo ... manzanas y medio kilo ... plátanos.
19. El Ebro desemboca ... el Mediterráneo, cerca ... la ciudad ... Tortosa.
20. Mi amigo Andrés vive ... un pueblo ... la provincia ... Toledo.

28. Ejercicios sobre los pronombres personales

Suplir los puntos con el pronombre personal correspondiente:

1. Voy a terminar esta carta y luego ... echaré en el buzón.
2. ¿Dónde está el perro? – No ... he visto.
3. Carlos ha estudiado el inglés y ... habla muy bien.
4. Esta película es muy buena y ... comentamos mucho.
5. Le dejo mi diccionario [a Vd.] si ... hace falta.
6. He comprendido su pregunta [de Vd.]; ... contestaré mañana.
7. ¿Cómo es su prima? – No ... conozco.
8. ¿Dónde está Mérida? – No .... sé.
9. Mi jefe no comprende el problema. Mañana [yo] ... ... explicaré todo.
10. Nos ofrecen una solución provisional, pero no ... conviene.

29. Sobre el uso de verbos y preposiciones

Expresar los verbos que van entre paréntesis en la forma debida y suplir los puntos con la preposición conveniente:

1. La región levantina (ocupar) el primer lugar ... la producción ... naranjas española.
2. La abundancia ... pastos ... las tierras ... Norte y ... la región pirenaica (permitir) el desarrollo ... la ganadería.
3. Los primeros pobladores ... España, ... los que (tenerse) noticias ciertas (ser, *pret. indefin.*) los iberos, probablemente ... origen africano.
4. El relieve ... la Península Ibérica (ser) y (ser, *pret. compuesto*) el principal obstáculo ... el desarrollo ... las vías ... comunicación.
5. La mayor parte ... la producción española ... mineral ... hierro (destinarse) ... la exportación.
6. El subsuelo español (ser) muy rico ... minerales.
7. Menorca (ser) la segunda ... las Islas Baleares, ... extensión e importancia. (Estar) más alejada ... la Península que Mallorca.
8. El territorio ... España (estar) dividido ... 50 provincias.
9. Los Pirineos (tener) una longitud ... 440 kilómetros y (cubrir) una superficie ... 55.000 kilómetros cuadrados.
10. En las montañas ... Galicia (abundar) los bosques ... robles, pinos y hayas.

30. Diálogo

Poner los verbos expresados en infinitivo en la forma que exige el sentido de la frase:

A. ¿Vd. (llevar) mucho tiempo en nuestra ciudad?

B. [Yo] (llevar) ya 4 años. ¡Cómo (pasar) el tiempo!

A. Ya lo creo. Vd. (ser) ya uno de los nuestros. ¿Se ha (acostumbrar) Vd. ya completamente a nuestra cocina?

B. Completamente y [yo] (estar) encantado con ella.

A. Pues, sus compatriotas no (decir) todos lo mismo. No les (gustar) el aceite.

B. (Ser) cierto, pero en cada país (haber, *impers.*) que adaptarse al estilo de la cocina nacional. No (deberse) pedir paella en Alemania ni salchichas con chucrut en España.

A. (Tener) Vd. razón. Es algo que todos [nosotros] (olvidar) a menudo, cuando (ir) al extranjero.

B. Cada país (tener) sus ventajas y sus inconvenientes.

A. ¿Y cuáles (ser) los inconvenientes de España?

B. En realidad, yo creo que (haber, *impers.*) más ventajas: la simpatía natural de la gente, su amabilidad, su hospitalidad, su temperamento equilibrado, su serenidad ante la vida, etc.

A. Pero, [nosotros] (haber) de hablar también de los inconvenientes.

B. Si Vd. (insistir) … Aquí (notarse) a veces un poco de falta de organización, cierta imperfección en la técnica, menos precisión en la ejecución del trabajo, etc.

A. Y los trenes (estar) muy sucios, mientras que en otros países (estar) muy bien cuidados y (funcionar) mucho mejor.

B. Sí, pero los habitantes de estos pueblos tan perfectos en la técnica y organización (ser) menos generosos que los españoles, (ser) más serios, más fríos en el trato.

A. (Ser) cierto. Aquí, en el tren, la gente (ser) muy simpática. En seguida (entrar) uno en relación con ellos. [Ellos] le (ofrecer) de beber y de comer, (hacer) chistes y así los viajes (resultar) muy divertidos. Para conocer a la gente del pueblo, (haber, *impers.*) que viajar en tercera. A veces un viaje (ser) como una fiesta familiar.

B. Prefiero, pues, los trenes sucios.

A. ¡Y que lo diga …!

31. Ejercicios sobre el pretérito compuesto

Pónganse las formas del verbo que van en presente en el pretérito compuesto:
(Ejemplo: Trabajo mucho – He trabajado mucho)

1. Esta mujer canta muy bien.
2. Tengo mucho que hacer.
3. ¿Cenas tarde?
4. Bebéis mucho.
5. Recibo una carta muy larga de mi padre.
6. Tenéis mucha suerte.
7. Los niños llegan tarde del colegio.
8. El motor trabaja mucho.
9. ¿Viene Vd. de Barcelona?
10. Vds. tienen mucho trabajo.

32. Ejercicios sobre verbos y preposiciones

Expresar los verbos que van entre paréntesis en la forma debida y suplir los puntos con la preposición conveniente:

1. ¿Cuántos alumnos (haber, *impers.*) ... la clase?. – (Haber, *impers.*) treinta alumnos.
2. Mi padre se ha (comprar) un sombrero. No le ha (costar) mucho dinero. Ha (ser) una verdadera ganga.
3. ¿Quién ha (cerrar) la puerta? – He (ser) yo, porque (entrar) mucho frío.
4. ¿(Tocar) el piano tu hermana?. – Sí, lo (tocar) muy bien.
5. ¿Qué has (vender)? – [Yo] no (haber) vendido nada.
6. Esta tarde he (perder) las llaves ... mi coche. Las hemos (buscar) ... todas partes, ... el piso, ... el garaje, pero no las hemos (encontrar) todavía.
7. Hoy la abuela (celebrar) su cumpleaños. Le hemos (comprar) una caja ... bombones y un ramo ... flores. Papá le ha (regalar) un abrigo ... invierno.
8. ¿(Cenar) [nosotros] ... casa o vamos ... un restaurante?. – ¿Por qué no (cenar) [nosotros] ... casa? – [Yo] (tener) hígado ... ternera, tomates, un kilo ... uvas y más cosas. Todo (estar) ... la nevera. – Magnífico, nos (quedar), pues, ... vosotros.

9. [Yo] (tener) que lavar el coche. Esta mañana ha (llover) mucho, por eso (estar) muy sucio.
10. Este vino me (gustar) mucho. (Tener) un gusto muy agradable, y no (ser) demasiado fuerte. El vino fuerte me (cansar) mucho. Pero éste (ser) ideal.

33. Ejercicios sobre el uso de «muy» y «mucho»

Poner en el lugar de los puntos uno de los vocablos anteriores:

1. Tengo ... apetito.
2. Barcelona es una ciudad ... grande.
3. Tenemos que trabajar ...
4. Esta vocalista canta ... bien.
5. No estoy ... bien.
6. Lo siento ...
7. Vd. habla ... de prisa.
8. La salud es ... más importante que el dinero.
9. Mi hermano sabe ... de literatura griega.
10. Carmen tiene ... libros, pero no son ... buenos.
11. Esta mujer habla ..., pero no dice cosas ... sensatas.
12. Hay que tomar este asunto ... en serio.
13. ... chicas españolas se casan ... jóvenes.
14. Esta película es ... mala.
15. ... gracias por su visita.

34. Ejercicios sobre el uso de «ser» y «estar»

Remplazar los puntos por los verbos «ser» o «estar», según convenga:

1. ¿Qué te pasa? [Tú] ... muy pálido.
2. ... las cuatro y media.
3. La sopa ... muy caliente.
4. El coche ... en el garaje; ... un coche nuevo.
5. El sillón ... junto a la chimenea.
6. En casa [nosotros] ... cinco hermanos.
7. El portero ... de Murcia.
8. ¿Quién ... este señor?

9. Mi amigo ... enfermo.
10. Hoy [nosotros] ... a cinco de enero.
11. La enfermera ... italiana.
12. Pedro ... enamorado.
13. [Yo] ... muy cansado.
14. Hoy ... el tres de abril.
15. Este hombre ... muy viejo; tiene casi cien años.

35. Ejercicios varios

A. *Poner en plural las siguientes frases:*
1. Este vino es muy caro.
2. Estoy cansado.
3. Tengo mucho miedo.
4. El estudiante trabaja poco.
5. Tu hermano es un gran deportista.
6. Mi amigo no está en casa.
7. Hablo poco español.
8. Soy el hijo de Juan García.
9. ¿Tienes los libros?
10. ¿Estás en el jardín?
11. ¿No trabajas hoy?
12. El alumno compra un diccionario.
13. Eres muy trabajador.
14. ¿Por qué no descansas un poco?
15. Este señor canta muy bien.

B. *Poner en singular las frases siguientes:*
1. Los niños están enfermos.
2. Estas casas son muy altas.
3. Somos de Sevilla.
4. Tenemos mucha sed.
5. ¿Tienen Vds. las entradas para el cine?
6. Estamos en París.
7. Estas chicas son de buena familia.
8. ¿Sois los hijos de Pedro?
9. Tenéis que trabajar más.

10. ¿Estáis en casa?
11. Los alumnos estudian español.
12. Cantáis muy bien.
13. No lavamos la ropa en casa.
14. ¿Cómo os llamáis, niños?
15. Los obreros descansan un rato.

36. Ejercicios sobre el adjetivo

Sustituir por su antónimo el adjetivo que va en cursiva:

1. Nuestro paseo ha sido *largo*.
2. El piso es muy *amplio*.
3. Tu amigo tiene un carácter *alegre*.
4. Esta tierra es *fértil*.
5. Vuestra visita ha sido muy *corta*.
6. El problema es muy *fácil*.
7. Tu hermana es muy *baja*.
8. Las mercancías son *caras*.
9. Tu vecino es muy *joven*.
10. Nuestra calle es *estrecha*.
11. La leche está *fría*.
12. Ahí tienes la fruta *verde*.
13. Aquel tren es muy *lento*.
14. Carlos es *pobre*.
15. Ese cristal es *opaco*.

37. Ejercicios sobre el presente y pretérito compuesto de los verbos regulares y auxiliares

Establecer la debida concordancia de los verbos que van entre paréntesis:

1. ¿Cuántos empleados (tener) Vd., Sr. García? – [Yo] (tener) diez empleados en la tienda, además, una secretaria y un contable.
2. El director (esperar) la visita de un representante.
3. [Yo] (haber recibido) dos cartas de España.
4. El profesor (explicar) las dificultades de la lengua española.
5. ¿Por qué no (haber aceptado) Vd. mi propuesta?

6. [Yo] (estar) a su disposición, Sr. Pérez. ¿Qué (desear) Vd.?
7. [Nosotros] (esperar) a nuestro tío.
8. Un amigo (haber preguntado) por ti.
9. ¿(Haber lavado) [tú] la ropa?
10. Los alumnos (estudiar) español. Ya (haber aprendido) muchas palabras.
11. Europa (importar) mucho café del Brasil, de Colombia y de Guatemala.
12. ¿(Haber recibido) [vosotros] mi carta?
13. Los países europeos (exportar) productos industriales a los países de ultramar.
14. Nuestro profesor (hablar) varios idiomas.
15. ¿Dónde (haber estado) [tú] todo el día?
16. ¿A qué hora (haber llegado) Vds.?
17. [Yo] no (comprender) por qué [tú] (trabajar) tan poco.
18. ¿(Haber tomado) [vosotros] café ya?
19. ¿Dónde (haber aprendido) [tú] el español?
20. Este trabajo no (haber sido) difícil.

38. Ejercicios sobre el plural de los sustantivos

Fórmese el plural de los sustantivos siguientes:

mes	esquí	carácter
voz	cárcel	viernes
buey	convoy	hidalgo
res	varón	cadáver
café	frac	jabalí
ley	ciudad	gentilhombre
luz	miércoles	ferrocarril
mies	tisú	sacacorchos
bambú	cruz	iraquí
vez	nación	marroquí
galán	capitán	israelí
régimen	jueves	pakistaní

39. Ejercicios sobre el uso de las preposiciones

Colocar en el lugar de los puntos la preposición conveniente:

1. Trabajamos ... vivir y no vivimos ... trabajar.
2. Hemos hablado ... Vd.
3. Esta tarde vamos ... circo.
4. El café está ... lado ... la estación.
5. El tren sale ... las ocho y media.
6. Mi hotel está ... el centro ... Madrid.
7. Esta tarde me quedo ... casa.
8. ¿Viene Vd. ... casa?
9. ¿... qué hora se marcha Vd. ... casa?
10. Mi tío tiene un piso ... tres habitaciones cerca ... la Cámara ... Comercio.

40. Ejercicios de vocabulario

Escribir los adjetivos de significación contraria (antónimos):

alegre (triste)	largo	fino
dulce	ancho	claro
pobre	grande	visible
alto	liso	diligente
bueno	caro	sabio
limpio	débil	espacioso
hermoso	grueso	blando

41. Ejercicios sobre el imperativo de los verbos regulares y auxiliares

Expresar todas las formas del imperativo (afirmativo y negativo) de los verbos siguientes:

(Ejemplo:hablar: ¡habla! ¡hableVd.! ¡hablemos! ¡hablad! ¡hablen Vds.!—
¡no hables! ¡no hable Vd.! ¡no hablemos! ¡no habléis! ¡no hablen Vds.!)

trabajar	escribir	beber	tener
ser	levantarse	estar	comer
permitir	vender	correr	contestar

42. Ejercicios varios

Completar las frases siguientes:

1. ... la pared hay un mapa ... España.
2. Portugal es ... pequeño ... España.
3. Zaragoza no es ... grande ... Barcelona.
4. En la Sierra Nevada está el Pico de Mulhacén, la montaña ... alta ... la España peninsular.
5. El Ebro es ... río ... largo ... España.
6. Mi amigo vive ... el cuarto piso. Subimos, pues, ... el ascensor.
7. ¿Cuándo viene el niño ... colegio?
8. ¿Cuánt ... años tiene Vd.?
9. ¿Cuánto tiempo llevas ... Madrid?
10. El tráfico ... las calles ... esta ciudad es muy intenso.
11. ¿A qué hora vas ... la oficina?
12. ¿Has estado mucho tiempo ... la clínica?

43. Ejercicios sobre los verbos regulares y auxiliares

Pónganse los verbos siguientes en la forma correspondiente del pretérito compuesto:
(Ejemplo: Trabajas mucho – has trabajado mucho)

1. Llegáis muy tarde.
2. Estoy enfermo.
3. No tenemos tiempo.
4. ¿Escribes una carta a tu padre?
5. Bebo mucho vino español.
6. ¿Compras una casa?
7. ¿Está Vd. en casa?
8. Mi hermana se levanta a las siete.
9. Desayuno muy poco.
10. Comes mucho.
11. ¿Tiene Vd. hambre?
12. Estás todo el día en la playa.
13. Me lavo las manos.
14. ¿Vende Vd. la casa?
15. Trabajáis muy poco.
16. ¿Vas a los toros? No voy nunca.

44. Ejercicios sobre los verbos regulares y auxiliares

Pónganse los verbos que van en infinitivo en la persona correspondiente del pretérito indefinido:

1. Anoche el tren de Madrid (llegar) muy tarde.
2. El otro día (tener) [nosotros] una entrevista con el alcalde.
3. César (ser) un gran escritor y un gran general.
4. La semana pasada, mi padre (tener) una aventura en el tren.
5. Todo el mes de marzo [yo] (estar) en Sevilla.
6. Ayer me (comprar) un periódico extranjero en la estación.
7. Anteayer un accidente (causar) la muerte de tres personas.
8. El otro día (pasar) [yo] por el Paseo del Prado, pero no (entrar) en el Museo.
9. Antes de salir de la clínica, el médico (lavarse) las manos.
10. En casa de Pepe [nosotros] (comer) muy poco el otro día.

45. Ejercicios sobre las preposiciones

Póngase en el lugar de los puntos la preposición conveniente:

1. Supe ... un amigo tuyo que fuiste ... Mallorca ... avión.
2. El toro fue muerto ... el torero ... la primera estocada.
3. La policía cogió ... ladrón ... sorpresa.
4. Mañana saldré ... Londres.
5. Me marcho ... Madrid ... un mes.
6. Insisto ... que no salgas ... despacho.
7. El pobre durmió ... un pajar.
8. Tendremos que levantarnos antes ... alba.
9. ¡No escribas este recibo ... lápiz!
10. Los cazadores pasaron ... un bosque muy espeso.

46. Ejercicios sobre los verbos regulares y auxiliares

Pónganse los verbos que van en infinitivo en la persona correspondiente del presente de indicativo:

1. El cuerpo humano (componerse) de la cabeza, del tronco y de las extremidades.

2. Los animales que (tener) un esqueleto (llamarse) vertebrados.
3. Las abejas (vivir) en colmenas, en donde (elaborar) la miel y la cera.
4. Los astrónomos (estudiar) los cuerpos celestes.
5. Hay pueblos que no (tener) otros medios de locomoción que el caballo, el camello o el burro.
6. Este tren (llevar) una velocidad de cien kilómetros por hora.
7. El azúcar (sacarse) de dos plantas: la caña de azúcar y la remolacha.
8. El calor (dilatar) los cuerpos.
9. ¿No (comprender) [tú] que tu padre (tener) razón?
10. Este coche (alcanzar) una velocidad de ciento cincuenta kilómetros por hora.
11. De momento, la casa no (disponer) de fondos.
12. En este caso, el juez te (imponer) una multa.

47. Ejercicios varios

Establecer la debida concordancia de los vocablos encerrados entre paréntesis y suplir los puntos por la palabra conveniente:

1. Hemos trabajado (todo) la tarde.
2. Mi amigo ha (comprar) un piso ... la calle ... Alcalá.
3. Te ayudaré, no ... dinero ni ... necesidad, te ayudaré sólo ... gusto.
4. El alemán es mucho ... difícil ... el español.
5. ¿(Hablar) Vd. español?. – Sí, [yo] (hablar) un poco.
6. Para saber bien idiomas, (haber, *impers.*) que estudiar mucho.
7. ¿En qué calle (vivir) Vd.?
8. Vamos ... mercado ... comprar un poco ... verdura.
9. Hay ... pagar esta factura ... contado.
10. La semana ... siete días.
11. ... invierno (hacer) mucho frío.
12. ¿Quién ... este señor?
13. Hemos (gastar) mucho dinero.
14. Pagaré la máquina ... escribir ... plazos.
15. Las cuatro estaciones ... año son: ..., ..., ..., ...
16. Carlos es un alumno muy bueno, es el ... de todos.
17. Carmen es ya mayor ... edad.
18. Los vinos españoles son ... fuertes ... los vinos alemanes.
19. Es tarde. Vamos ... casa.
20. ¿A qué hora (marcharse) Vd.?

48. Diálogo

Pónganse los verbos que van en infinitivo en la forma que exige el sentido de la frase:

A. Buenos días, señor García. ¿Cómo (estar) Vd.?

B. Muy bien, gracias. ¿(Tener) Vd. mucha prisa o podemos tomar una copita?

A. Pues [yo] no (tener) mucha prisa, pero en casa [nosotros] (tener) mucho trabajo. Mañana (ser) el santo de mi mujer y [nosotros] (tener) que preparar un poco la fiesta. Pero siempre (haber, *impers.*) tiempo para tomar una copa.

B. Eso (estar) muy bien. Vamos, pues, al «Café del Mono». El dueño, al que todo el mundo no (llamar) más que Pepe, (ser) muy amable.

A. Ya [nosotros] (estar) aquí.

C. ¿Qué (desear) [Vds.], señores?

A. Yo (tomar) un chato de manzanilla.

B. Yo, lo mismo.

C. Dos chatos para los señores.

A. ¿Cómo (ir) los negocios?

B. [Ellos] (ir) mal. [Yo] (tener) bastantes dificultades. Las materias primas que [yo] (necesitar) para mi fábrica no (llegar) a tiempo. Me (faltar) todavía una licencia de importación, y la mercancía (estar) ya en la frontera.

A. Sí que (tener) Vd. mala suerte. Pero creo que su problema (tener) solución. Mi primo (trabajar) en el Ministerio de Comercio. Si Vd. (hablar) con él y le (explicar) su caso, hay quizás una posibilidad de sacar la licencia en dos días.

B. Muchísimas gracias por su consejo.

A. De nada, hombre.

B. ¿Cómo está nuestro amigo Carlos?

A. Vd. sabe que ha (estar) muy enfermo. Pero ya (estar) mucho mejor.

B. Me (alegrar) mucho.

A. Ya (ser) muy tarde. [Yo] (tener) que marcharme.

B. (Tener) Vd. razón. Yo también (tener) un poco de trabajo en el despacho.

A. Recuerdos en casa, y hasta otra.

B. Igualmente. Adiós.

49. Ejercicios varios

Completar las frases siguientes:

1. Mi hermano está ... viaje.
2. Las manzanas ya ... maduras.
3. Esta pulsera es ... oro.
4. La semana ... siete días; o sea: ..., ..., ..., ..., ..., ..., ...
5. El año tiene doce meses; se llaman: ..., ..., ..., ..., ..., ..., ..., ..., ..., ..., ..., ...
6. ... invierno los días ... más cort ... y las noches más larg ...
7. La primavera es la estación ... hermos ... del año.
8. Mi hermanita va ... colegio.
9. ¿... terminado tu traducción?
10. El cartero no ... venido todavía.
11. Mi padre viaja siempre ... tren.
12. ¿... pasado Vd. por correos? No ... podido ir.

50. Uso del comparativo y superlativo

A. *Completar correctamente las siguientes frases:*

1. Esta casa es ... alta que la del vecino.
2. Londres es el puerto ... grande de Europa.
3. La leche de oveja no es ... buena ... la de vaca.
4. Tu traducción es (bueno) que la de Juan.
5. Estas rosas son las ... hermosas que he visto en mi vida.
6. El hierro es ... duro ... el cobre.
7. Francia produce los (bueno) quesos del mundo.
8. He arreglado todo sin el (pequeño) esfuerzo.
9. Pedro es el (grande) de los tres hermanos.
10. Esto es lo (bueno).
11. Es ... fácil traducir del latín al español que viceversa.
12. En marzo ya hace ... frío que en enero.

B. *Sustituir los adjetivos que van en cursiva por la forma correspondiente de superlativo absoluto:*

(Ejemplo: Esto es *muy caro* – Esto es *carísimo*)

1. Este hombre es *muy rico*.

2. Es un poeta *muy célebre*.

3. El clima de nuestro país es *muy áspero*.

4. La película que vimos ayer era *muy mala*.

5. Aquella señora es *muy amable*.

6. La ciudad de Cádiz es *muy antigua*.

7. Ese atleta es *muy fuerte*.

8. Estamos *muy cansados*.

9. La sopa está *muy caliente*.

10. Es una calle *muy larga*.

11. Esa criatura es *muy simpática*.

12. Este arroz está *muy rico*.

51. Ejercicios sobre las preposiciones

Sustituir los puntos por la preposición conveniente:

1. El alumno va ... la pizarra.

2. Mi amigo es ... Madrid.

3. Estamos ... Madrid.

4. Vengo ... Barcelona.

5. Vamos ... teatro.

6. He comprado un libro ... tu hermano.

7. Deja los libros ... la mesa.

8. Entramos ... la puerta ... la calle.

9. Vamos ... trabajar un poco.

10. El profesor escribe una palabra desconocida ... la pizarra.

11. Voy ... la estación.

12. Mi padre vive ... la capital.

13. Tenemos cinco pasteles ... los niños.

14. Me levanto cada día ... las siete.

15. Vamos ... tomar una taza ... café ... leche.

52. Ejercicios sobre el uso de «ser» y «estar»

Suplir los puntos con formas de los verbos «ser» o «estar», según convenga:

1. Vd. ... muy joven, señorita.

2. Mi primo ... comerciante.

3. La nieve ... blanca.

4. [Yo] ... más alto que tú.
5. El agua ... muy fría.
6. ¿Dónde ... el Museo? – ... muy cerca.
7. Nuestro hijo ... muy aplicado. Ahora ... en el colegio.
8. Este niño ... enfermo. Sus padres ... muy pobres.
9. Nuestra ciudad ... de fiesta.
10. Ya ... las nueve.
11. ... muy tarde. [Nosotros] ... cansados.
12. Esta flor ... hermosa.
13. El clima de Mallorca ... muy suave.
14. El café ... muy caliente.
15. Julio ... rico.

53. Ejercicios sobre los verbos regulares y auxiliares

Pónganse los verbos siguientes en la forma correspondiente del futuro:
(Ejemplo: tengo dinero – tendré dinero)

1. Estoy aquí.
2. Trabajamos todo el día.
3. Me levanto a las seis.
4. Tengo paciencia.
5. Tomo el tren de las ocho.
6. Comes muy tarde.
7. Te escribo una carta.
8. Papá llega pronto.
9. El contable no está en el despacho
10. Somos cinco.
11. Compramos un diccionario.
12. Tenéis mucho tiempo.
13. No estamos en casa.
14. Ceno a las nueve.
15. Todos están presentes.

54. Ejercicios sobre las preposiciones

Póngase en el lugar de los puntos la preposición conveniente:

1. Este animal se muere ... hambre.
2. El orador se sale ... tema.
3. El borracho me dio un golpe ... un garrote.
4. Hay que hablar ... voz alta.
5. Tengo que bajar ... la bodega ... buscar vino.
6. Pedro vive ... sus ahorros.

7. Mi amigo ha heredado una granja ... su padre.
8. Procura quitar esta mancha ... bencina.
9. He cambiado mi coche viejo ... otro nuevo.
10. El director acusó ... portero ... haberle robado el reloj.
11. Todo el mundo aprecia ... tu amigo ... su modestia.
12. ¡No entre Vd. ... la puerta ... servicio!
13. ¡No tardes mucho ... arreglarme el coche!
14. ¡No pienses ... mañana!
15. Estoy de acuerdo ... mi vecino ... el contrato.

55. Ejercicios sobre el uso del gerundio

Expresar en gerundio los verbos encerrados entre paréntesis:

1. La madre está (lavar) la ropa.
2. Los niños están (comer).
3. La secretaria está (escribir) una carta.
4. ¿Estás (trabajar)?
5. Me voy (correr).
6. Llevo una hora (esperar) al director.
7. La canción que estás (tocar) me gusta mucho.
8. Estoy (traducir) un texto difícil.
9. Carlos está (tomar) café.
10. La criada está (preparar) el desayuno.
11. ¿Qué anda Vd. (buscar) ahí?
12. Pero, ¿estás (soñar), hombre de Dios?

56. Empleo de los verbos «ser» y «estar»

Colocar en el lugar de los puntos los verbos «ser» o «estar»:

1. El traje ... en el armario.
2. ¿Qué hora ...? – ... las diez y media.
3. ¿... Vd. argentino?. – No, ... chileno.
4. [Nosotros] ... todos aquí.
5. El café ... muy amargo.
6. Esta iglesia ... muy hermosa.
7. Me parece que este diccionario no ... muy bueno.

8. ¿Cómo ... Vd.?
9. Hoy [nosotros] ... a 15 de mayo. – Hoy ... el 15 de mayo.
10. La puerta no ... bien cerrada.
11. El ruso ... un idioma bastante difícil.
12. Nuestro jefe no ... en casa; ... de viaje.
13. Las columnas ... de jaspe, y la escalinata ... de mármol.
14. Este país ... muy frío y ... poco poblado.
15. La sopa ... ya fría.
16. [Nosotros] ... cinco hermanos en casa.
17. Creo que [vosotros] ... muy cansados. Lo mejor ..., pues, acostarse pronto.
18. El clima de la costa catalana no ... nunca extremado.
19. La Sagrada Familia de Barcelona ... una de las iglesias más curiosas del mundo.
20. La llamada «Torre de Hércules», que ... al lado de La Coruña, ... el faro romano más antiguo de España.

57. Ejercicios sobre el verbo «ir»

Suplir los puntos con formas del verbo «ir»:
1. Este coche ... muy bien.
2. [Yo] ... a casa.
3. Esta tarde [nosotros] ... al circo.
4. ¿Cuándo te ...?
5. Este traje te ... muy bien.
6. ¿Adónde ... [vosotros]? – [Nosotros] ... de paseo.
7. Me ... a España.
8. Los negocios ... muy mal.
9. ¡No te ...!
10. Esta tarde mi padre se ... de caza.
11. ¿Os ... ya?
12. ¿Cuántos ... (nosotros)?
13. Mi hermano ... en coche, pero mamá ... (fut.) en tren.
14. Hijo, te ... a ver negro.
15. Ya (nosotros) ... a noventa por hora.

58. Ejercicios sobre las preposiciones

Sustituir los puntos por las preposiciones convenientes:

1. Vendió la casa ... cincuenta mil pesetas.
2. Nos veremos mañana ... la mañana.
3. El tren ... Madrid ... Barcelona pasa ... Zaragoza.
4. Vamos ... tomar una taza ... café.
5. ¡Cuidado ... el fusil!
6. Tengo una máquina ... escribir.
7. Se marchó ... lágrimas ... los ojos.
8. Vamos ... pie.
9. Este periodista escribe ... elegancia.
10. Mi amigo viene ... Barcelona.
11. ... Barcelona y Gerona hay más de 10 trenes diarios.
12. Vamos ... estudiar el asunto ... calma.

59. Ejercicios sobre los verbos reflexivos

Suplir los puntos con el pronombre reflexivo correspondiente:

1. ¿Cómo ... llamas? – ... llamo Pedro.
2. [Yo] ... levanto cada día a las siete.
3. ¡No ... vayas!
4. Niños, tenéis que lavar ...
5. [Nosotros] ... vamos de excursión.
6. Tienes que acostumbrar ... al estilo de este país.
7. ¿... quedas en casa? – No, [yo] ... marcho también.
8. Tu hermano ... ha portado muy bien.
9. Creo que ... equivocáis.
10. En este viaje ... cansamos mucho.
11. No voy a meter ... con nadie.
12. Pero, ¿no ... bañas todos los días?

60. Ejercicios sobre el uso de los pronombres

Sustitúyanse los puntos por el pronombre adecuado:

1. La madera de haya es más dura que ... de pino.
2. Esta cerveza es mejor que ... que tomamos ayer.

3. ¿De ... [personas] me estás hablando?
4. ... que no trabaja, no gana dinero.
5. No todos ... que te conocen comprenden ... que has hecho.
6. ¿De ... se trata? *[personas y cosas]*
7. El piso en ... [yo] vivo es muy caro.
8. ¿A ... escribes esta carta?
9. ¿De ... [cosas] estáis hablando?
10. Aquí hay un dentista de ... nombre no me acuerdo.

61. Ejercicios sobre las preposiciones

Sustituir, en caso necesario, los puntos por la preposición conveniente:

1. Tienes que renunciar ... este proyecto.
2. Estoy temblando ... frío.
3. Insisto ... acompañarle.
4. Vivimos ... el campo.
5. El catedrático está orgulloso ... sus hijos.
6. Volveremos ... las siete.
7. No salgas ... este tiempo.
8. Este hombre está herido; tienes que llevarlo ... brazo.
9. La criada estaba llorando ... vergüenza.
10. Este puente debe construirse ... hormigón armado.
11. Este dinero es ... guardarlo.
12. Procederemos ... orden alfabético.
13. Estas manifestaciones no influirán ... nada ... la decisión del Presidente.
14. El ministro viene acompañado ... su secretario.
15. Estoy enfermo ... hígado.

62. Ejercicios sobre los verbos «dar», «andar» y «decir»

Poner los verbos entre paréntesis en la forma correcta del presente:

1. [Yo] te (dar) mi palabra de honor.
2. ¿Por qué [tú] no me (decir) la verdad?
3. El niño (andar) a gatas.
4. Yo no (decir) nada.
5. Mi padre (decir) que su reloj no (andar) muy bien.
6. En casa [nosotros] (dar) el pan seco a las gallinas.

7. ¡No (decir) Vd. eso!

8. Si [tú] (decir) mentiras, [yo] te (dar, *futuro*) una bofetada.

9. ¡No (dar) [tú] importancia a este asunto!

10. Mis padres (decir) que el nuevo motor (dar) buen resultado.

63. Diálogo

Poner los verbos que van expresados en infinitivo en la forma que pide el sentido de la frase:

A. ¿Qué le (parecer) nuestra ciudad?

B. Pues, me (gustar) mucho, y aún no (haber visto) todo.

A. ¿Qué (haber visitado) Vd. ya?

B. La Catedral, el Museo, el Parque, la Ciudadela y el Palacio del Duque.

A. No (estar) mal. Pero (haber, *impers.*) también otros monumentos.

B. Los monumentos (ser) muy interesantes, pero la verdad (ser) que los turistas (olvidarse) con frecuencia de que (existir) otras cosas, además de los monumentos, y que (ser) tan interesantes como éstos: los mercados, las tabernas populares, la gente del pueblo, las tiendas, etc.

A. [Yo] (comprender) su punto de vista, pero los monumentos, castillos, palacios, iglesias, museos, (ser) interesantes porque (ser) testigos de la vida de una nación o de una ciudad.

B. [Yo] (estar) de acuerdo. Pero [ellos] (ser) testigos muertos o, por lo menos, mudos, mientras que la animación, el bullicio de las gentes en tabernas y cafés, en cervecerías y merenderos, incluso en la calle, (reflejar) la vida del presente.

A. (Tener) Vd. razón. Vamos a una bodega a probar el vino del país.

B. Me (parecer) magnífico. ¿(Cultivarse) la vid en toda la región?

A. Sí, (cultivarse) en toda la provincia y (elaborarse) mucho vino.

B. Por lo visto, un vino muy bueno. ¿El tinto (ser) tan bueno como este blanco?

A. Sí, (ser) tan bueno como el blanco, pero (tener) más grados.

B. Esta bodega me (gustar) mucho. ¿(Ser) muy antigua?

A. (Remontarse) al siglo XV.

B. De todas formas, aquí (estarse) muy bien y muy fresco. No (notarse) el calor que (hacer) en la calle.

A. Así (tener) que ser una bodega. Como veo que le (gustar) tanto, [nosotros] (quedarse) aquí a comer.

B. Encantado de la vida, y que me (traer) otro vaso de este vino.

43

64. Ejercicios sobre el uso de verbos y preposiciones

Expresar los verbos que van entre paréntesis en la forma debida del presente, y suplir los puntos con la preposición conveniente:

1. Nuestra casa (vender) toda clase ... maquinaria agrícola.
2. El barco ... Mallorca (salir) ... la tarde.
3. ¿Qué (hacer) Vd. mañana?
4. Aquí se (hablar) español.
5. ¿(Subir) [nosotros] ... la montaña o (quedarse) ... el jardín ... hotel?
6. Ya ... las siete. ¡Cómo (pasar) el tiempo!
7. La Rioja (producir) mucho vino.
8. ¿(Tomar) Vd. café o chocolate?
9. ¿Quién (pagar) todos estos gastos?
10. Por la tarde [nosotros] (trabajar) un poco ... el jardín.
11. ... el interior ... España (existir) extensas zonas incultas.
12. [Yo] (tener) que pedirle un consejo. – ¿... qué (tratarse)? – [Yo] (necesitar) un crédito.
13. ¿(Tomar) Vd. el menú, o (desear) comer ... la carta?
14. España (exportar) vino, naranjas y otros productos agrícolas.
15. El día ... San Isidro, la capital ... España (celebrar) sus fiestas tradicionales.

65. Acusativo con o sin «a»

Colocar, si es necesario, la preposición «a» delante del acusativo:

1. Los alumnos saludan ... profesor.
2. ¿Has visto ... mi secretaria?
3. Tengo ... dos casas en el campo.
4. ¿Conoces ... este libro?
5. ¿Conoces ... este señor?
6. Mi primo tiene ... un perro.
7. Tomamos ... tren esta tarde.
8. ¿Has comprado ... un libro para tu padre?
9. El niño espera ... sus amigos.
10. Tenemos ... secretaria muy buena.
11. No saludo ya ... ese tipo
12. Tengo ... varios amigos en Barcelona y veré ... uno de ellos mañana mismo.

66. Sobre el uso de los verbos regulares y auxiliares y de las preposiciones

Expresar los verbos que van entre paréntesis en la forma debida y suplir los puntos con la preposición conveniente:

1. El español (llamarse) también castellano.
2. Mi amigo (trabajar) en una casa ... importación y exportación que (tener) muchas relaciones ... España y los países hispanoamericanos. Él (hablar) y (escribir) muy bien el español; por esto, (llevar) toda la correspondencia ... estos países.
3. Mi vecino (tener) una casa hermosa ... un jardín muy grande. Además, (tener) un garaje ... su coche.
4. ¿En qué piso (vivir) Vd.? – [Yo] (vivir) en el cuarto piso.
5. Esta ciudad (tener) más ... 2 millones ... habitantes.
6. Esta mercancía (venderse) muy bien. [Yo] (necesitar) por lo menos veinte cajas más.
7. [Yo] (tener) que comprarme un par ... zapatos. En esta calle (haber, *impersonal*) una tienda muy elegante. – ¿Qué número (calzar) Vd.? – El cuarenta y dos. – Este color (estar) muy de moda, pero no me (gustar). – [Nosotros] (tener) el mismo modelo en otros colores. – Estos zapatos me (gustar) mucho. Me (quedar) con ellos.
8. ¿Dónde has (comprar) este vestido tan hermoso?
9. Me han (robar) el reloj esta mañana.
10. He (pasar) una semana ... el campo.
11. Creo que Vd. (equivocarse).
12. Mi amigo (sacar) mucho dinero ... este negocio.
13. ¿Quién ha (llamar) ... la puerta?. – Ha (ser) el portero, que (tener) cartas ... Vd.
14. En España (hablarse), además ... castellano, tres lenguas: el catalán, el gallego y el vasco (o: vascuence), y una serie de dialectos más o menos castellanizados: el bable (en Asturias), el altoaragonés, el leonés, el andaluz, etc.
15. Así, pues, (existir) una diferencia entre «lengua» y «dialecto»
16. En España (beberse) más vino que cerveza. El vino (beberse) ... las comidas, mientras que la cerveza (tomarse) ... aperitivo.
17. Creo que los madrileños (ser) muy aficionados ... la cerveza.
18. (Ser) cierto. Cerca ... la Puerta del Sol (haber, *impers.*) muchos bares ... que se toma cerveza ... aperitivo, generalmente ... «tapas».

19. La Península Ibérica (comprender) cuatro territorios: España, Portugal, Andorra y Gibraltar.
20. Ya (ser) tarde. Vamos ... dormir. Mañana (ser) otro día.

67. Empleo de los verbos «ser» y «estar»

Suplir los puntos con formas de los verbos «ser» o «estar», según convenga:

1. Mi padre ... muy aficionado a los toros.
2. La niña ... ya en la cama.
3. La Corte ... en Valladolid en aquel tiempo.
4. ¿De qué marca ... tu máquina fotográfica?
5. Este hombre ... duro de corazón.
6. Mi hermana ... con su novio.
7. La luz ... encendida.
8. Mi padre ... de viaje.
9. La nieve ... blanca.
10. Cerca de la vía férrea, la nieve ... muy sucia.
11. Esta pulsera ... de oro.
12. Te advierto que [yo] no ... para bromas.
13. Hoy el cielo ... gris.
14. Mi tía ... enferma.
15. ¿Dónde ... la Jefatura de Policía?

68. Ejercicios sobre las preposiciones

Póngase en el lugar de los puntos la preposición conveniente:

1. El cortesano cayó ... desgracia.
2. Esa mercancía se vende ... granel.
3. Tengo confianza ... tu éxito.
4. Aquella casa está ... venta.
5. Esta zona es rica ... minerales.
6. ¿Quiere Vd. pagar ... contado o ... plazos?
7. ¿... qué siglo ocurrió esto?
8. El avión ... Milán ... Barcelona pasa ... el Mediterráneo.
9. Vamos ... estudiar los hechos ... orden cronológico.
10. No te empeñes ... hacerlo todo ... un día.
11. Es ... morirse ... risa.
12. No dejaré ... ir ... ver ... médico ... tiempo.

69. Acusativo con o sin «a»

Si es necesario, súplanse los puntos con la preposición «a»:

1. El joven matrimonio quiere … un niño.
2. La madre quiere mucho … su niño.
3. El río Ebro baña … Zaragoza.
4. ¿Has visto … mi padre?
5. Tengo … un hermano y … cinco hermanas.
6. Busco … un chófer.
7. Estoy buscando … nuestro chófer.
8. No temo … la muerte.
9. Hernán Cortés conquistó … Méjico en 1521.
10. ¿Conoces … este restaurante?
11. No conozco … ese señor.
12. Nombraron … Juan García … alcalde.
13. ¿No has oído nombrar … José Pérez?
14. El perro mordió … gato.
15. La madre perversa perdió … su hija.
16. Durante la excursión, la madre perdió … la niña.
17. Los bandidos robaron … un niño y lo escondieron en un bosque.
18. El ladrón robó … un conductor del tranvía.
19. Tengo … Pedro por persona honrada y leal.
20. Pizarro conquistó … Perú.

70. Ejercicios de vocabulario

Sustituir por su antónimo el adjetivo que va en letra cursiva:

A.
1. Ese hombre es *simpático*. *antipático*
2. Tu amigo está *triste*.
3. Esta película es *buena*.
4. El viejo es *avaro*.
5. Esos señores son muy *groseros*.
6. El pasillo es *ancho*.
7. Aquellos zapatos son *viejos*.
8. Nuestra ciudad es *grande*.
9. Esta tela es muy *gruesa*.
10. Hace un día *oscuro*.
11. La novia de Paco no es *fea*.
12. Me parece que está más *delgado* que el año pasado.

B.

1. El clima de este país es *seco*.
2. La ropa está *seca*.
3. Aquel portero es *gordo*.
4. Soy *infeliz*.
5. Este bulto es *ligero*.
6. Mi padre está *contento*.
7. El viejo es *injusto*.
8. Todo esto es muy *complicado*.
9. El clima de este valle es *áspero*.
10. He comprado seda *natural*.

C.

1. Juan es *ingrato*.
2. Estos alumnos son *perezosos*.
3. Los niños de Pablo son *obedientes*.
4. Aquellos soldados son *cobardes*.
5. El abuelo es *generoso*.
6. Carlos y Pepita son *humildes*.
7. Esto es *agradable*.
8. Ese cable es *fuerte*.
9. El cuarto está *limpio*.
10. Este metal es *duro*.

71. Ejercicios sobre las preposiciones

Suplir los puntos con las preposiciones convenientes:

1. Te va ... sorprender esta carta en que te voy ... pedir dinero.
2. Los ladrones se llevaron todo ... una camioneta.
3. Este clima es muy bueno ... la salud.
4. El coronel murió ... la Patria.
5. Juan te supera ... aplicación, pero no ... inteligencia.
6. El director desea verte mañana ... la mañana.
7. Me gusta viajar ... carretera.
8. Vamos ... jugar ... ajedrez.
9. ¿Sabes tocar ... piano?
10. ¿... qué partido pertenece este diputado?
11. Esta música es grata ... oído.

12. Los cazadores se levantaron ... madrugada.
13. Este señor desciende ... los reyes de Navarra.
14. La chica estaba llorando ... rabia.
15. Vació el vaso ... un trago.
16. No es director más que ... nombre.
17. Tenemos que aprovechar ... esta ocasión.
18. Vivo ... el hotel ... la estación. Ahora voy ... mi cuarto.
19. Los dos viejos viven ... la miseria.
20. Carlos ha obrado ... su propio interés.

72. Ejercicios sobre los verbos

Poner los verbos que van entre paréntesis en la forma correcta del presente:

1. [Yo] no (querer) que [vosotros] (salir) con el tiempo que (hacer).
2. Tu amigo siempre (vestir) muy bien.
3. (Decir) me [Vd.] por fin lo que (querer).
4. Yo (querer) que mis hijos (estudiar) francés e inglés.
5. ¿Qué (querer) [tú] que [yo] le (decir) a tu padre?
6. Más (valer) que Vds. no (venir) mañana.
7. (Esperar, *imperativo*) Vd. a que (venir) el cajero.
8. Mi padre (buscar) un corresponsal que (saber) llevar la correspondencia en alemán y en francés.
9. ¡Dios le (bendecir) y que (tener) mucha suerte!
10. Es lástima que Vd. no (saber) tocar el piano.
11. No tengo inconveniente en que tú y yo (ir) juntos.
12. Pida Vd. lo que le (gustar).

73. Ejercicios de acentuación

A. *como; cómo*

¡...! ¡... llueve! ¿... dices? ¿... te atreves? ¿... estás? ¿... te encuentras?
Hazlo ... te digo.
Se quedó ... si viera visiones.
Es tan alto ... tú.
Trabajaba ... peón de albañil.
¿... no viniste anoche?
No comprendo ... hay quien dice tal cosa.
Cuéntame ... sucedió.

¡Pero, niño! ¿... vienes tan tarde?
Sucedió ... era de esperar.
No sé ... no lo maté.
Ignoro el ... y el cuándo.

B. *porque*; *porqué*; *por qué*

¿... no ha venido Pedro?
¿Sabes ... no hay clase mañana?
No comprendo el ... de su conducta.
Yo no sé ... tienes que marcharte tan pronto.
El que se acuesta sin cenar es ... quiere.

C. *mi*; *mí*

La muñeca es para ... hermanita y el caballo para ...
En ... jardín hay muchas flores.
Ya no piensas en ... como antes.
El ... es una nota musical.

D. *tu*; *tú*

Yo no haría eso en ... lugar.
Me pareció que ... hablabas en serio y que ... amigo lo hacía en broma
Comprendo ... situación, pero ... tienes la culpa de todo.
Entre ... y yo no hay secretos.

E. *te*; *té*

Ayer ... invité a tomar un ... en mi casa.
El café y el ... son dos bebidas muy agradables.
Quien bien ... quiere ... hará llorar.
No ... he visto.

74. Ejercicios sobre los verbos

A. *Formar el participio pasivo de los verbos siguientes:*

Hacer (hecho)	cubrir	querer
comprimir	dar	escribir
conocer	decir	componer
caer	llover	volver

ir	morir	resolver
ver	andar	destruir
saber	nacer	satisfacer
traer	romper	devolver
atraer	poner	disolver
abrir	bendecir	absolver

B. *Expresar la segunda persona del imperativo (singular y plural) de los siguientes verbos:*

Salir (sal, salid)	ir	venir
decir	dar	pedir
traer	hacer	satisfacer
poner	dormir	devolver
trabajar	comer	dividir
andar	conducir	saber
creer	reir	freir
jugar	correr	escribir

75. Sobre los gentilicios

A. *Fórmense los gentilicios correspondientes a los siguientes nombres geográficos:*

1. Marruecos (marroquí)
2. Rusia
3. Berlín
4. Guatemala
5. Turquía
6. Córdoba
7. Egipto
8. Laponia
9. Buenos Aires
10. Honduras
11. Suecia
12. La Rioja
13. Puerto Rico
14. Israel
15. La Mancha
16. Nueva York
17. Flandes
18. Cádiz
19. Persia
20. Argelia
21. San Sebastián
22. Canadá
23. Ibiza
24. Londres
25. Extremadura
26. Croacia
27. Albania
28. Luxemburgo
29. Senegal
30. Arabia

B. *Dígase a qué nombres geográficos corresponden los siguientes adjetivos:*

1. pirenaico
2. manchego
3. balcánico
4. mediterráneo
5. alpino
6. andino
7. báltico
8. saguntino
9. filipino

10. rioplatense
11. suizo
12. pampero
13. santanderino
14. matritense
15. turolense
16. vallisoletano
17. donostiarra
18. salmantino

76. Ejercicios sobre el uso de «ser» y «estar»

En las frases que siguen súplanse los puntos con los verbos «ser» o «estar», según exija el sentido, y en el tiempo que corresponda:

1. Dios ... en todas partes.
2. Aquel coche amarillo ... de mi hermano.
3. Tomás ... muy apreciado por su buen carácter.
4. Ayer [yo] ... en casa todo el santo día.
5. Ese empleado ... insustituíble en la oficina.
6. El libro ... sobre la mesa.
7. Anteayer [nosotros] ... en Zaragoza; hoy ... aquí; mañana pensamos ... ya muy lejos.
8. El cristal ... transparente, pero no se puede ver a través de él, porque ... muy sucio.
9. El caballo ... un animal noble por naturaleza.
10. Ese caballo ... sudoroso y muy cansado.
11. El señor Pérez ... en muy malas relaciones con sus vecinos, porque ... demasiado quisquilloso.
12. Madrid ... en el centro de España, y Barcelona ... situada junto al mar.
13. Aunque ... un muchacho agradable, no ... muy simpático en aquella reunión.
14. Cervantes ... conocido en todas partes por su ingenio privilegiado.
15. Las azucenas de tu jardín ... marchitas.

77. Ejercicios sobre la formación del femenino

Formar el femenino de los sustantivos siguientes:

Emperador	alcalde	papa
príncipe	rey	sastre
Juan	abad	gallo
doctor	padrastro	duque
poeta	diácono	pavo
pastor	conde	padrino
actor	autor	sacerdote
héroe	zar	marqués
profeta	caballo	barón

78. Sobre los verbos reflexivos

Póngase en vez de los puntos el pronombre reflexivo correspondiente:

1. El viejo ... da a la bebida.
2. Los enemigos no quisieron entregar ...
3. No ... acuerdo de él.
4. No ... enfades por tan poca cosa.
5. Voy a afeitar ...
6. ... voy de paseo.
7. ¿Por qué no ... sentamos un poco?
8. Lo mejor en este caso es callar ...
9. Tus amigos ... hallan en una situación muy difícil.
10. ... quedamos en casa.

79. Ejercicios de lectura

Leer en voz alta:

A.

0; 24; 137; 1000; 200 marcos; 200 pesetas; 400 mujeres; 1500 pesetas; 17 grados bajo 0; 8 grados sobre 0; 24,50 pesetas; 10,5; 3,3; 101; 21 libros; 21 pesetas; 0,57; 333; 24 libros; 100 kilos; 124 kilos; 10 arrobas; 1½ kilo; ⅔; ¾; son las 3.47; el tren sale a las 21.42.

B.

b – v – x – y – c – ll – ñ – g – j – k – q – h – ch.

C.

Enrique IV	Fernando VII
Alfonso X	Luis XIV
Carlos V	el siglo XIX
Alfonso XIII	Carlos III
Felipe II	Carlos I
el Papa Pablo VI	el Papa Juan XXIII

80. Sobre los verbos irregulares

A. *Poner los verbos que van en infinitivo en la forma del presente que exige el sentido de la frase:*

1. Los niños (jugar) a la pelota.
2. La ardilla (roer) las piñas y las avellanas.
3. Las rosas (volverse) amarillas.
4. El niño (ponerse) pálido.
5. Yo (defender) mis derechos.
6. [Tú] (venir) tarde.
7. El sereno (cerrar) la puerta.
8. El empleado (pedir) un adelanto.
9. Sus triunfos no le (hacer) feliz.
10. Me (divertir) mucho con mis amigos.

B. *Pónganse las frases de A. en la forma correspondiente del pretérito indefinido.*

C. *Pónganse las frases de A. en la forma correspondiente del futuro.*

D. *Pónganse las frases de A. en la forma correspondiente del pretérito compuesto.*

81. Ejercicios de vocabulario

Explicar – con ejemplos – la diferencia entre las siguientes palabras:

1. la sesión – la cesión
2. el carbón – el carbono
3. el afecto – el efecto

4. recorrer – recurrir
5. el orden – la orden
6. el campo – la campiña – la campaña
7. romano – románico – rumano
8. el monte – la montaña
9. literal – literario
10. eminente – inminente
11. el margen – la margen
12. la compresión – la comprensión
13. adoptar – adaptar
14. bello – vello
15. el haya – el aya

82. Sobre los pronombres personales

Suplir los puntos con los pronombres personales convenientes:

1. Tienes una novela que parece interesante. [Yo] ... ... llevo; ... ...
devolveré la semana que viene.
2. ¿Queréis la mochila? ... ... dejaré con mucho gusto.
3. ¿Me quiere Vd. vender su diccionario? – [Yo] ... ... vendo.
4. ¿Tiene Vd. la factura? – ... ... mandaremos a casa.
5. ¿Conoces a Julio Pérez? – No ... acuerdo de ...
6. Mi vecino quiere comprar mi casa, pero no ... ... venderé.
7. Esto es muy importante. ¿... ... digo a tu padre?
8. Si Vd. no puede venir hoy, espero ver ... mañana.
9. No he recibido carta de mi padre. [Yo] ... escribí hace una semana.
10. ¿Qué sabes de este asunto? ¡Dí ... ...!

83. Modismos

Sustitúyanse las palabras que van en cursiva por otras del mismo significado:
(Ejemplo: *por el estilo* = semejante, parecido, del mismo tipo)

1. Tengo otro pantalón *por el estilo*.
2. *Estoy por* dejarlo todo.
3. La niña se *echó a* llorar.
4. El enfermo *vuelve en sí*.

5. *Estoy a punto de* terminar el trabajo.
6. Hace *cosa de* un mes que Julio vino a verme.
7. La puerta está abierta *de par en par*.
8. Vendrá *a eso de* las siete.
9. Es *la mar de* bueno.
10. *Se las da de* muy inteligente.

84. Sobre los verbos

A. *Pónganse los siguientes verbos en la persona correspondiente del futuro:*
(Ejemplo: vamos – iremos)

salgo	vienen
haces	dices
cabes	obtiene
tenéis	satisface
voy	vale
hay	caemos
ponen	sabes

B. *Pónganse los siguientes verbos en la persona correspondiente del pretérito indefinido:*
(Ejemplo: voy – fui)

voy	huye
va	pide
hacéis	miente
tenemos	cuento
estás	muere
hay	advierto
cabe	derrite
pongo	duerme
viene	andamos
decís	doy
cae	traduzco
sabe	dicen
traduce	oigo

85. Ejercicios sobre los verbos

Colocar el verbo que va entre paréntesis en la forma que pida el sentido de la frase:

1. No hay enemigos tan insignificantes que no (poder) perjudicarnos a la larga.
2. Es fundamental que cada uno de vosotros (comprender) bien lo que tiene que hacer.
3. Mi padre (querer) que [yo] (estudiar) latín.
4. Hay personas que están dispuestas a sacrificarlo todo con tal que (satisfacer) sus ambiciones.
5. Dudo que Vd. (estar) contento con su trabajo.
6. Conviene que la justicia (ser) fuerte y la fuerza justa.
7. Cuando [tú] (pasar) por Madrid, (venir) a verme.
8. Esto no (costar) nada.
9. Me gustaría que [tú] (conocer) a mi hermano.
10. Es inútil que Vd. (intentar) convencerlo.

86. Sobre los participios irregulares

Expresar los participios de los verbos siguientes:

morir	reponer	componer
imprimir	ver	recubrir
reprimir	bendecir	suponer
suprimir	rehacer	decir
exprimir	cubrir	romper
abrir	satisfacer	corromper
hacer	poner	freir
prever	maldecir	disponer

87. Ejercicios sobre la formación del femenino

Fórmese el femenino de los sustantivos siguientes:

padre	varón	tigre
fraile	papá	carnero
joven	yerno	espía

toro	jinete	caballo
testigo	buey	chivo
hombre	artista	cigüeña
marido	abad	gallo

88. Sobre el uso de verbos y preposiciones

Establecer la debida concordancia con los verbos que van entre paréntesis y suplir los puntos con la preposición conveniente:

1. Aquí la comida (repartirse) ... riguroso turno.
2. Ayer la señora Rodríguez (despedirse, *pret. indefin.*) ... nosotros ... lágrimas ... los ojos.
3. Se me (ocurrir, *pret. indefin.*) buscar otra solución ... este problema.
4. [Yo] (enfadarse, *futuro*) contigo si [tú] (hacer) esto.
5. Este café te (sentar, *futuro*) muy bien.
6. [Nosotros] (tardar, *futuro*) muy poco ... llegar ... aeropuerto ... la capital.
7. [Yo] le (presentar) mis excusas, señora. Todo (ser, *pret. compuesto*) una equivocación.
8. Ayer (haber, *pret. indefin.*) una conferencia interesante en el Ateneo.
9. ¿Por qué no (venir) [tú] ... la fiesta el otro día?
10. Nuestro primo (morir, *pret. indefin.*) ... un accidente hace poco tiempo.

89. Ejercicios sobre los verbos

Establecer la debida concordancia de los verbos que van entre paréntesis:

1. Es posible que las conversaciones entre los dos Jefes de Estado (resultar) más difíciles de lo que (creerse) antes.
2. Mi amigo está (reponerse) de las heridas que (sufrir) en un accidente de tráfico el otro día.
3. Los sindicatos ingleses (pedir) aumentos en los salarios.
4. Yo le (decir) el otro día a tu hermano que (tener) cuidado, pero [él] no me (hacer) caso.
5. Fue en aquella época cuando el general (empezar) a sentir un temor creciente de que los enemigos (estar) planeando un ataque por sorpresa.

6. Ayer el Ministro de Asuntos Exteriores (dar) una conferencia de prensa.
7. ¿A qué hora (pensar) Vd. salir esta tarde?
8. [Yo] no (creer) que tu amigo te (decir) la verdad.
9. El alcalde de nuestra ciudad (recibir) ayer la visita del Ministro de Comercio.
10. Cuando (pasar) por las inmediaciones del puerto una forastera, se le (acercar) un individuo que le (dar) un tirón y (apoderarse) del bolso que (llevar) la mujer. El ladrón (emprender) la huída, pero (ser) detenido por un policía, que lo (conducir) a la Comisaría del Puerto.

90. Ejercicios de acentuación

Completar las frases siguientes con el vocablo oportuno:

A. *se; sé*

No ... exactamente si ... ha marchado.
Tampoco ... adónde ... dirige.
Siempre ... desea lo que no ... tiene.
La guardia no ... rinde.
A menudo ... dice lo que ... sabe; no siempre ... sabe lo que ... dice.

B. *el; él*

Trabajo con ... todo ... día en la oficina.
Me fastidia ... trabajo rutinario.
Siempre hablamos sobre ... mismo tema.
Ni ... mismo sabe lo que ha dicho.
Cuando ... río suena, agua lleva. *(Refrán castellano)*

C. *si; sí*

¿Viste a Teresa? ..., la vi ayer por la calle.
Mañana iré a tu casa, ... no llueve.
El ... de ese piano está desafinado.
Nunca está contento de ... mismo.
Una célebre comedia de Moratín es «El ... de las niñas».
Me compraría un coche ... tuviese dinero.

D. *de; dé*

Es probable que ese señor te … veinte duros de propina.

Acaba … llegar … París.

No hay nada … lo dicho.

Confío que Vd. me … mañana lo que me debe.

… Vd. limosna al pobre … la esquina.

Le exijo que me … una explicación.

Eso depende … lo que me … Vd.

91. Uso de «por» y «para»

Suplir los puntos con las preposiciones «por» o «para» según convenga:

1. Creo que esta carta es … mí.
2. Esta noche salgo … Madrid.
3. Te dejo este libro … cien pesetas.
4. Me marcho al campo … tres días.
5. El ladrón fue sorprendido … un sereno.
6. El almirante murió … la patria.
7. Dejamos este trabajo … mañana.
8. No lo desprecies … joven.
9. Nos veremos, pues, mañana … la mañana.
10. … mis padres el arte moderno no existe.
11. Esta comarca es famosa … sus vinos.
12. Creo que podemos dar … terminado este asunto.
13. Si pasas … Sevilla, ven a verme.
14. No pasaré … el mismo camino.
15. … un extranjero Vd. habla muy bien español.

92. Ejercicios sobre el subjuntivo

Pónganse en las siguientes frases las formas correspondientes del subjuntivo:

1. ¡Ojalá (tener) [nosotros] buen día mañana!
2. Quizás [yo] (irse) pronto.
3. Acaso (ser) lo mejor para todos.
4. Temo que [tú] (llegar) tarde.
5. Esperaré a que (amanecer).
6. Me gustaría que [tú] (venir) conmigo esta tarde.
7. Nos aconsejó que [nosotros] (estudiar) mucho.

8. Me encargó que [yo] le (reservar) una mesa.
9. César ordenó que las tropas (atravesar) el río.
10. Su madre se oponía a que [él] (continuar) sus relaciones con aquel individuo.
11. Te prohibo que [tú] (salir) de casa tan tarde.
12. Dudaba que [nosotros] (volver) a vernos.
13. Temí que [nosotros] no (llegar) a punto a la estación.
14. Quiero que [tú] me (creer) y te (convencer) de la realidad de lo que te digo.
15. Está bien que [tú] lo (haber dicho) sin rodeos.

93. Ejercicios de vocabulario

Explicar – con ejemplos – la diferencia entre las palabras siguientes:

1. el pez – el pescado
2. la gallina – el pollo
3. la costa – la cuesta
4. la abeja – la oveja
5. la actitud – la aptitud
6. el azar – el azahar
7. el barón – el varón
8. el hierro – el yerro
9. el mango – la manga
10. el rayo – la raya

94. Ejercicios sobre el gerundio

Poner en gerundio los verbos que van en infinitivo:

1. El viejo está (morirse).
2. Estoy (escribir) una carta.
3. Mamá está (leer) el periódico.
4. La niña está (dormir).
5. Los señores están (cenar).
6. El camarero está (servir) la sopa.
7. No pierdes nada (pedir).
8. Seguid (cantar).
9. El barco está (salir) del puerto.

10. El acusado sigue (mentir) y (decir) cosas absurdas.
11. Voy (seguir) mi camino.
12. Está (llover).
13. El jardinero está (regar) las flores.
14. Papá está (vestirse).
15. Estoy (corregir) una traducción.

95. Ejercicios sobre el subjuntivo

A. *Con formas del subjuntivo completar las frases siguientes:*

1. No quiero que [tú] (salir) de casa cuando hace mal tiempo.
2. No me ha consentido que [yo] (ir) al cine.
3. No os aconsejamos que (bañarse) en el río.
4. No fue necesario que [él] (traer) dinero consigo.
5. Le dije que no (venir) tan temprano.
6. Ya no sería menester que [tú] (comprar) ese libro.
7. Me rogó con insistencia que no (molestar) más a sus tíos.
8. No permitiré que [vosotros] (hablar) mal de mis amigos.
9. No hace falta que [tú] (ir) tan temprano.

B. *Completar estas frases que indican posibilidad:*

1. Es fácil que [yo] (ir de viaje) la semana próxima.
2. No será fácil que [yo] (regresar) antes del jueves.
3. Estaría bien que (comunicar) mi cuarto con el tuyo.
4. Es imposible que (llover) esta tarde.
5. No me extrañaría que [yo] (recibir) noticias muy pronto.
6. Podría ocurrir que [nosotros] (verse) en otoño.
7. ¿Será posible que Vd. (prestar dinero) sin interés alguno?
8. No sería difícil que [nosotros] (volver a encontrarse) en Madrid.
9. Es imposible que [yo] (hacer) una excursión mañana.

96. Ejercicios sobre las preposiciones

A. *Sustitúyanse los puntos por las preposiciones convenientes:*

1. Muchas gracias ... tu carta.
2. Le contestaré ... escrito.
3. Los papeles estaban ... el suelo.

4. No te quedes mucho rato ... sol.
5. No cojas la lámpara ... la pantalla.
6. Se extendía un paisaje muy hermoso ... nuestros ojos.
7. Vd. tendrá que repetir sus afirmaciones ... el juez.
8. Ya se hace ... noche.
9. Este líquido huele ... alcohol.
10. Esta sopa sabe ... quemado.
11. El camino pasa ... entre los campos de trigo.
12. Voy ... Madrid tres veces ... mes.
13. Yo no voy sino ... vez ... cuando.
14. Te lo digo ... toda franqueza.
15. ¡Basta ya ... todo esto!

B. *Sustitúyanse los puntos por las preposiciones convenientes, en caso necesario:*

1. El niño tiene miedo ... ese señor ... la barba.
2. Estoy harto ... trabajar; vamos ... dar una vuelta ... el parque.
3. Es inútil ... hacer nuevas propuestas.
4. Te puedes congratular ... tu éxito.
5. No vamos ... trocar una cosa buena ... otra peor.
6. Ese señor se aburre ... todo.
7. Voy ... tomar este asunto ... mis manos.
8. Esta zona es muy rica ... minerales.
9. Aquella música es muy grata ... oído.
10. ¿Lo dices ... serio o ... broma?
11. Los niños escucharon el relato ... la abuela ... silencio.
12. Vamos ... salir ... paseo.
13. Llegaremos ... atardecer.
14. ... noche, todos los gatos son pardos. *(Refrán)*
15. Estoy muy contento ... tu trabajo.

97. Sobre los verbos irregulares

Expresar correctamente los verbos que van entre paréntesis:

1. ¿Por qué no me (decir) Vds. la verdad?
2. ¿(Saber) Vd. jugar al ajedrez?
3. ¡(Esperar) [tú] un momento! – [Yo] te (dar) el dinero en seguida.
4. ¿(Hacer) mucho frío? – Me (parecer) que sí.
5. [Yo] (dormir) ocho horas al día.
6. Tu amigo siempre (vestir) con mucha elegancia.

7. Este camarero (servir) con mucho esmero.
8. ¿(Querer) Vd. carne o pescado? – [Yo] (preferir) pescado.
9. El chico (arrepentirse) de lo que ha (hacer).
10. Aquí están los zapatos. – ¿(Querer) Vd. que se los (envolver)? – Gracias, no (hacer) falta.

98. Adjetivos que se construyen con preposición

Suplir los puntos con la preposición conveniente:
1. Don Quijote era enjuto ... carnes y falto ... juicio.
2. Este clima no es favorable ... los enfermos ... pulmón.
3. Es triste sentirse forastero ... su propio país.
4. Hay quien no está contento ... su suerte.
5. Ese comerciante es ducho ... los negocios.
6. Siempre fue franco ... carácter y fiel ... sus amigos.
7. Era dulce ... el trato y estaba dotado ... gran ingenio.
8. Ese alimento es pesado ... el estómago.
9. El niño era semejante ... su padre ... todo.
10. Mi amigo está sordo ... un oído.
11. Estoy seguro ... ganar en la ruleta.
12. Conviene ... ser sobrios ... la comida y parcos ... la bebida.
13. Don Quijote era sordo ... las voces que le daba su escudero.
14. Pedro es el último ... la clase, porque es muy débil ... memoria.
15. Hay que mantenerse siempre firme ... los propósitos.

99. Sobre los tiempos del pasado

Expresar en el tiempo pasado que convenga los verbos que van entre paréntesis:
1. La guerra de la Independencia (iniciarse) con el levantamiento popular del 2 de mayo en Madrid.
2. Hoy (llover) todo el día.
3. Cuando (comerse) mucho en la cena, luego no (dormirse).
4. (Estar) lloviendo cuando [yo] (llegar) a Madrid.
5. Este año los alumnos (trabajar) mucho.
6. El otro día [yo] (encontrar) a tu hermano en la estación.
7. (Ser) las 4 de la madrugada. El pueblo (dormir). De pronto (verse) una llamarada. (Tocar) a rebato y (salir) los bomberos.
8. [Yo] no (ir) a tu casa porque mi padre (estar) enfermo.
9. ¿(Cenar) Vd. ya?

10. Anoche (ir) todos al teatro.

11. Aun no (haber terminado) cuando (venir) a buscarnos el chófer de Pérez.

12. Hace 15 días [yo] (dar) una caída y (partirse) una pierna.

100. Ejercicios sobre verbos y preposiciones

Remplazar los puntos con preposiciones adecuadas, en caso necesario, y con las formas del verbo conveniente:

1. Al enterarse ... tu fracaso, el jefe ... *(pasado)* chispas.
2. Su manera ... obrar me ... de quicio.
3. Hoy no ... [tú] muy alegre; creo que tus amigos te han ... una broma ... mal gusto.
4. Este viejo ... ciego.
5. Tienes que ... te el abrigo; el día ... muy fresco.
6. De pálido que ..., se *(pret. indef.)* ... colorado.
7. No sé si conseguirás ... convencer ... tu padre ... la necesidad ... tu viaje ... Madrid.
8. Este vino ... a vinagre.
9. En este caso prefiero ... no decir nada.
10. No te esfuerces ... vencer ... tu contrario, tú las ... de perder.
11. Ese asunto ... ... mal ... peor.
12. Estando ... juerga ... Alfonso anteayer, [nosotros] ... una borrachera fenomenal.

101. Sobre el uso del pronombre personal

Súplanse los puntos con el pronombre personal correspondiente:

1. Tengo un sombrero nuevo; ... ... voy a poner ahora.
2. He comprado chocolate para la niña. Dá ... ... despúes.
3. Tengo una nueva secretaria, ... verás mañana.
4. Estoy buscando a Luis, ¿... has visto?
5. Mi padre tiene un regalo para ti. Él mismo ... ... dará.
6. Toma estos libros y guárda ... hasta que vuelva.
7. Sus amigos tienen que salir. ¡Díga... ...!
8. He comprado una figura de porcelana, pero al poco rato ... ... ha caído y ... ha roto.
9. No ... conozco a Vd.

10. Mi madre quería comprar medicinas par la niña enferma, pero ... ... olvidó el encargo.
11. Ahí tienes la bufanda. Pón... por si acaso.
12. Vea este reloj; los chicos ... ... han estropeado. ¿Podría Vd. componér ... ... hasta el viernes?

102. Sobre el presente de los verbos de irregularidad común

Expresar debidamente el verbo que va entre paréntesis:

1. No (pensar) Vd. más en este incidente.
2. El Bidasoa es un río caudaloso que (nacer) en la provincia de Navarra.
3. El coste de la construcción de este palacio (ascender) a un millón de dólares.
4. El festival (empezar) esta tarde.
5. ¿Cuándo (empezar) [nosotros] con el trabajo?
6. ¿Por qué no (dormir) los niños?
7. [Yo] no (conocer) a este señor.
8. Señor, Vd. (pedir) demasiado.
9. [Yo] lo (sentir) mucho.
10. [Yo] (merendar) todos los días.
11. Hoy no (llover) mucho.
12. [Yo] (arrepentirse) de lo que he dicho.
13. ¿Qué (preferir) Vd.?
14. Mi padre (construir) una casa en el campo.
15. ¡(Traducir) Vd. esta frase!
16. Esta noche la cantante (lucir) un traje nuevo.
17. En los Alpes (nevar) mucho.
18. El profesor (corregir) los trabajos de los alumnos.
19. ¿Por qué (mentir), niños?
20. Hoy [yo] no (poder) salir de casa.

103. Ejercicios de vocabulario

Escríbase el sustantivo o adjetivo con el cual se designa:

1. la persona que habla varios idiomas (poliglota)
2. el animal que se alimenta de carne
3. el mineral que contiene oro
4. la persona o divinidad que lo puede todo
5. el animal o planta que vive en el agua

6. el dinero que se puede transferir
7. lo que conduce a la muerte
8. la persona que duerme mucho
9. lo que está situado al otro lado de los Alpes
10. lo que está situado al otro lado de los Pirineos
11. el daño que no se puede reparar
12. el argumento que no se puede admitir

104. Ejercicios sobre el uso del indicativo y subjuntivo

Poner los verbos que van entre paréntesis en el tiempo y modo que pida el sentido de la frase:

1. No es lógico que [tú] (aceptar) esta propuesta.
2. Creo que el alcalde nos (ayudar) *(futuro)*.
3. Los fenicios (ser) un pueblo de comerciantes.
4. Si [yo] (saber) lo que ha pasado, te lo diría.
5. Fue imprescindible que (venir) el médico.
6. La niña soñó que (jugar) con sus muñecas.
7. (Pasar) lo que (pasar), te ayudaremos.
8. El profesor me preguntó cuántos años (tener).
9. Es muy raro que nuestro corresponsal no (contestar).
10. Harás lo que el jefe te (mandar).

105. Ejercicios de vocabulario

A. *Gritos de los animales:*

El perro (ladra)	el asno ...	... el león ...
el gato ...	el gallo ...	el cuervo ...
el buey ...	la gallina ...	la rana ...
el caballo ...	los pollos ...	el cerdo ...
la oveja ...	el lobo ...	los pájaros ...

B. *Expresar de manera correcta el adjetivo que va entre paréntesis:*

1. El (primero) día	2. (Santo) Tomás
3. (Santo) Domingo	4. Un (grande) hombre
5. (Cualquiera) libro	6. (Santo) Juan
7. Un (santo) padre	8. (Ninguno) objeto
9. (Bueno) tiempo	10. (Malo) humor
11. (Ciento) kilómetros	12. (Alguno) amigo

106. Ejercicios sobre los tiempos del verbo

Establecer la debida concordancia de los verbos que van entre paréntesis:

1. El domingo pasado, mi padre (ir) a los toros.
2. Mi abuelo (ir) a los toros todos los domingos.
3. La última vez que [yo] (estar) en Madrid (hacer) mucho frío. (Ser) en el mes de enero.
4. El otro día [yo] (encontrar) a nuestro antiguo profesor de latín.
5. El viento (soplar) cada vez más fuerte.
6. (Llover) toda la noche. Cuando [yo] (despertarse) y (mirar) por la ventana (hacer) un día muy hermoso. Por esto (decidirse) a hacer una excursión.
7. La segunda guerra mundial (terminar) en 1945.
8. [Yo] (querer) ir a pescar cuando (llegar) una visita inesperada.
9. Cuando Juan (regresar) a casa (saber) que su mujer (estar) enferma.
10. Mañana [yo] (salir) para Londres. Tan pronto como (llegar), te (poner) un telegrama.
11. Ayer [nosotros] te (esperar) todo el día. ¿Por qué no (venir)?
12. ¿Qué (hacer) Vd. esta mañana antes de venir a nuestra casa?
13. Cuando el cazador (matar) ocho perdices, (volver) a su casa. *(Hacer dos frases, en el pasado y en el futuro)*
14. El año pasado no [yo] (irse) de vacaciones, porque (estar) enfermo.
15. Cuando [yo] (ir) por primera vez a Mallorca, (tener) quince años.

107. Ejercicio sobre los modos del verbo

Expresar en el tiempo que pida el sentido de la frase los verbos que van entre paréntesis:

1. No hay mal que por bien no (venir). *(Refrán)*
2. Hernán Cortés mandó que (destruirse) todos los barcos de la expedición para que nadie (poder) volverse atrás.
3. Ayer José me dijo que no (venir, *futuro*) a la fiesta.
4. No quiero que este hombre (volver) a molestarme.
5. Sé que el director (llegar) mañana.
6. Esta mañana me ha dicho que [yo] no (comprar) más mercancía. *(Orden)*

7. Esta mañana me ha dicho que [él] no (comprar) más mercancías.
   (Futuro, comunicación)
8. ¡Que (venir) el camarero y que (traer) la carta!
9. Temo que no [nosotros] (poder) hacer nada.
10. Dile que (venir) [él] a verme mañana.

108. Ejercicios de vocabulario

Cómo se llama el árbol de donde proviene ...

la naranja	la pera	los piñones
la castaña	el limón	el dátil
la granada	el melocotón	la banana
la ciruela	la bellota	el coco
la almendra	la aceituna	la manzana
la avellana	el higo	el albaricoque
la algarroba	la nuez	el membrillo
la cereza	el plátano	la guinda

109. Verbos de irregularidad común

Establecer la concordancia debida en los verbos siguientes:

1. Esta estufa no (calentar) mucho.
2. El niño está (dormir).
3. No (cerrar) [tú] la puerta.
4. En este país (nevar) mucho.
5. ¿Por qué no (sembrar) [tú] patatas en vez de remolacha?
6. [Yo] (confesar) que tienes razón.
7. ¡(Encender) [tú] la estufa!
8. [Yo] no (entender) lo que [tú] (decir).
9. ¿Qué (pensar) [tú] de todo esto?
10. ¡(Sentarse) Vd. al lado del Presidente!
11. [Nosotros] no (aprobar) tu conducta.
12. ¡(Volver) Vd. mañana!
13. Quiero que [tú] me lo (contar) todo.
14. ¿No (acordarse) Vd. de mi hermano?
15. En Galicia (llover) mucho.

110. Ejercicios sobre el imperativo

A. *Expresar en forma negativa las expresiones siguientes:*

¡Sal!

¡hazlo!

¡trabajad!

¡idos!

¡levántate!

¡dale el libro!

¡traduce esto!

¡llamadme!

¡calienta la sopa!

¡siga Vd.!

¡mándale el dinero!

¡apaga la luz!

¡vete!

¡ven!

¡dilo!

¡vaya Vd.!

¡bebed!

¡sé bueno!

¡poned!

¡escribe!

¡dale de beber!

¡corrige este trabajo!

¡repite la frase!

¡paga esta factura!

¡ponte la chaqueta!

¡trae el vaso!

B. *Expresar las siguientes frases en forma afirmativa:*

¡No gritéis!

¡no cierres la puerta!

¡no diga Vd. la verdad!

¡no juegues!

¡no hagáis esto!

¡no vengáis!

¡no vayas!

¡no pongas los libros en la mesa!

¡no me dé Vd. más explicaciones!

¡no te muevas!

¡no sueltes el perro!

¡no pidáis más detalles!

¡no tengas cuidado!

¡no comas!

¡no compres más discos!

¡no lo hagáis!

¡no salgáis!

¡no subas por la escalera!

111. Ejercicios sobre los verbos «ser» y «estar»

Completar las frases siguientes:

1. El agua del mar ... salada.
2. El agua del mar ... tranquila, pero ayer ... agitada.
3. El estudiante no podía ir al cine, porque ... a dos velas.
4. Ese proceder no ... de caballero.
5. La noticia ha ... comentada por toda la ciudad.
6. ¿A cómo ... la merluza? ¿A cómo ... el kilo de tomates?

7. Las patatas . . . a cinco pesetas el kilo.
8. ¿A cuántos ... hoy? ¿En qué estación ... ahora?
9. ... a primeros de mes, a mediados, a fines; ... en julio, en verano, en plena canícula.
10. Hoy ... el cumpleaños de mi madre, y quiero ... con ella todo el día.
11. ¿Qué hora ...? ... la una, ... la una y media; ... las dos, ... las dos y veinte.
12. Por la noche nos ... casi siempre de charla hasta las doce.
13. Estos últimos días he ... de viaje por el extranjero.
14. El pobre herido ... muriéndose.
15. Los niños ... riendo y saltando por el jardín.

112. Ejercicios sobre el uso de los tiempos del pasado

Pónganse en los tiempos correspondientes del pasado los verbos que van entre paréntesis:

1. Cuando las vacaciones (terminar), [nosotros] (regresar) todos a casa.
2. (Hacer) tanto frío, que [nosotros] no (poder) salir del refugio.
3. Este hombre (hacer) grandes discursos mientras nosotros (trabajar).
4. El criado (salir) sin que nosotros (darse) cuenta.
5. Cuando el padre (ver) a su hijo, ya (saber) que éste no (aprobar) el examen.
6. El niño (tener) tanta vergüenza, que no (volver) al comedor.
7. Como el estado de salud del enfermo (empeorar), el médico (tener) que operarlo.
8. Cuando [yo] te (ver) ayer en la estación, [tú] (hablar) con un amigo.
9. Cuando la madre (salir) del cuarto, el niño (ponerse) a llorar.
10. [Yo] no te (decir) nada para que no (tener) miedo.

113. Ejercicios sobre los verbos

Establecer la debida concordancia en las siguientes frases:

1. Benavente (comenzar) su carrera literaria escribiendo versos y cuentos. En 1922 le (ser) concedido el premio Nobel de Literatura.
2. [Yo] (llevar) ya cuatro años en Madrid sin ganar mucho dinero, cuando de pronto se me (ofrecer) un puesto muy bien retribuido.
3. Llama a tu hermano por teléfono tan pronto como [tú] (llegar).

4. Los romanos (ser) excelentes juristas y políticos.
5. ¿(Estar) [tú] ya en España?. – Sí, [yo] (estar) cinco semanas en Madrid el año pasado.
6. Don Quijote (tener) la idea fija de que los molinos que se (ver) a lo lejos (ser) gigantes. No (oir) las voces de Sancho Panza, ni se (dar) cuenta de lo que (ser) en realidad al acercarse a ellos. Se (levantar) un ligero viento, y las aspas (empezar) a moverse. Al verlo D. Quijote (embestir) con el primer molino que (estar) delante y le (dar) una lanzada en el aspa.
7. Lo que voy a contaros (ocurrir) hace más de cuatro siglos.
8. Gonzalo de Córdoba (ser) un gran general.
9. En la Edad Media se (saber) muy poco de higiene.
10. Ayer [yo] (ir) por el campo cuando (venir) una tormenta.

114. Ejercicios de vocabulario

De los siguientes nombres formar verbos:

El nacimiento (nacer)	la comida	la obligación
el goce	el descanso	la obediencia
la guerra	el robo	el trabajo
la merienda	la libertad	la forma
el almuerzo	el viaje	el temor
el dolor	el juego	la muerte
la bebida	el gobierno	la cuenta
el escrito	el odio	la cena

115. Ejercicios sobre el uso del indicativo y del subjuntivo

Expresar los verbos correctamente:

1. Por mucho que [él] (trabajar) no aprobará el examen.
2. Me han dicho que tu padre (estar) enfermo.
3. Tan pronto como Vd. (llegar) al despacho, llámeme.
4. Tenemos una secretaria que (llevar) la correspondencia en alemán, inglés y español.
5. Buscamos una recepcionista que (saber) francés y alemán.
6. Si me (prometer) trabajar mucho, te ayudaré.
7. Aunque (ser) ya un poco tarde, saldremos de paseo.
8. No fuimos al teatro porque (ser) tarde.

9. Le daremos el dinero con tal que (aceptar) nuestras condiciones.
10. Escribiré a tu padre para decirle que (enviar) el dinero.

116. Ejercicios sobre el uso del pronombre personal

Sustituir las palabras en cursiva por los pronombres personales correspondientes:

1. ¿Quieres prestarme tu *lápiz*? – [Yo] ... ... presto con mucho gusto.
2. ¿Cuándo me devolverás *el dinero*? – Mañana [yo] ... ... devolveré.
3. He visto a *tu amigo* en la calle.
4. Por fin he cobrado *el dinero* que me debían.
5. Ahora comprendo *el problema*.
6. ¿Has devuelto *el libro* a *Enrique*?
7. Nunca dice *la verdad*.
8. Quiero comprar *un paraguas*.
9. ¿A cómo venden *las naranjas*?
10. Nunca cree *las cosas* que digo.
11. ¿Quién ha puesto *la mesa*?
12. ¿Dónde dejaste *el sombrero*?
13. Leí *la novela* de un tirón.
14. Ayer vi *a tu hermana* en el cine.
15. ¿Cómo entenderás *la lección* si no estudias?

117. Ejercicios de acentuación

A. *mas; más*

No iré ... a esas reuniones, porque me aburro.
Estaban enfadados, ... ya han hecho las paces.
Este negocio tiene sus ... y sus menos.
... vale pájaro en mano que ciento volando. *(Refrán)*
Lo despachó de su casa sin ... ni ...
Antonio no le debe nada, ... bien es su acreedor.
Nadie lo sabía ... que nosotros dos.
No lo conseguirás por ... que te empeñes.

B. *que; qué*

¿En ... piensas? ¿En ... piensan los ... no aspiran a morir bien?
¡... día tan bueno! ¡... triste estoy sin ti!
No sé lo ... quieres de mí. Dime lo ... quieres.

Dime por ... lo hiciste. Deseo ... vengas conmigo.

Quiero ... veas la casa ... he comprado.

En aquel instante sentí un no sé ...

Cuando estoy a su lado no sé ... decir.

No me importa el ... dirán; me tiene sin cuidado lo ... piensen de mí.

Entremos en ese comercio. Verás ... cantidad de géneros hay.

¿Has visto ... calidad? ¡... fracaso!

¿... tomamos? ¿... sabes del asunto?

No hay por ... hacer esto. No hay por ... afligirse.

No hay de ... No tengo nada ... decirte.

El asunto de... me hablaste. No sé de ... me hablas.

¡Socorro, ... me ahogo! ¡Cuidado, ... se hunde!

¡... se fastidie!

Y no habiendo más asuntos de ... tratar, se levanta la sesión.

C. *cual; cuál*

Esa pluma con la ... escribes es de oro.

¿... de los dos te gusta más?

Te lo cuento ... me lo contaron.

Por lo ... te quedo muy agradecido.

Esta es la muchacha de la ... te hablé.

Ambos equipos jugaron a ... peor.

... sería mi sorpresa, que no supe decir palabra.

Todos contribuyeron, ... más, ... menos, al éxito de la obra.

Cada ... sabe dónde le aprieta el zapato.

118. Ejercicios sobre el régimen de verbos

Colocar en el lugar de los puntos la preposición que exige el verbo, en caso necesario:

1. ¿Qué te propones ... hacer?
2. Es necesario ... tomar medidas urgentes.
3. Estoy acostumbrado ... caminar mucho.
4. Vd. no me impedirá ... hacer lo que tengo que hacer.
5. Espero volver ... verle pronto.
6. No nos queda nada más ... hacer.
7. El Consejo municipal acordó ... aumentar los impuestos.

8. Este hombre es incapaz ... ganarse la vida.
9. Este asunto es muy difícil ... explicar.
10. Es fácil ... conseguir este permiso.
11. Se niega ... volver ... discutir el asunto.
12. No niego ... haber escrito la carta.

119. Ejercicios de vocabulario

Colocar en el lugar de los puntos el sustantivo o adjetivo correspondiente a la palabra que va en cursiva:

1. Estoy *cojo;* tengo una (cojera).
2. Está *borracho;* tiene una ...
3. Tengo *sed;* estoy ...
4. Tienen *hambre;* están ...
5. Es *sordo;* su ... es muy molesta.
6. Estoy *constipado;* tengo un ...
7. Tengo *fiebre;* estoy ...
8. Estoy *cansado;* no me explico ese ...
9. El niño es *ciego;* su ... me da pena.
10. Estás *pálido;* tu ... es mala señal.
11. Es una pobre *loca;* la ... es incurable.
12. Es poco *formal;* no tiene ni pizca de ...

120. Ejercicios sobre fraseología verbal

Remplazar los puntos con los verbos adecuados:

1. Esta chica no sabe ... al dictado.
2. Esta mercancía nos ... muy cara.
3. A todas las mujeres les gusta ... un vestido nuevo.
4. No te ... en líos. *(Lenguaje popular)*
5. No ... Vd. caso a ese señor.
6. Estos irresponsables lo ... todo a perder.
7. [Yo] no ... abasto con mi trabajo.
8. Te lo cuento como me lo ...
9. No digas nunca, «de esta agua no ...». *(Refrán)*
10. Tiene la costumbre de ... las cosas a medias.

121. Ejercicios sobre los verbos

Establecer la debida concordancia de los verbos que van entre paréntesis:

1. Ayer, el Primer Ministro (presidir) el Consejo de Ministros.
2. Quiero que [tú] me (entregar) este paquete cuanto antes.
3. En las elecciones de hoy (producirse) algunos incidentes.
4. ¿(Preferir) Vd. vino o cerveza? – [Yo] (preferir) vino.
5. Un joven chino (andar) durante tres años buscando una flor y un pájaro del mismo color. Al no encontrarlos (querer) matarse. Pero un buen genio (pasar) su mano, y le (dar) un pajarito y una florecilla que (tener) un raro color rosado.
6. Ayer, Su Santidad (recibir) al príncipe de Mónaco.
7. Esta mañana [nosotros] (recibir) un telegrama de nuestro padre.
8. El 10 de noviembre de 1959 (conmemorarse) en muchas ciudades alemanas el II centenario del nacimiento de Schiller.
9. Acaso (ser) España el país donde el romanticismo (contar) con más escasa bibliografía crítica.
10. La familia real (negarse) a comentar un rumor según el cual el príncipe heredero (casarse) pronto.

122. Ejercicios sobre la voz pasiva

Volver en pasiva las oraciones siguientes:

1. Dante, célebre poeta italiano, escribió la Divina Comedia.
2. Amílcar Barca fundó la ciudad de Barcelona.
3. El istmo de Panamá une las dos Américas.
4. Felipe II construyó el Escorial.
5. Hernán Cortés conquistó a Méjico en 1521.
6. César venció a Pompeyo en Farsalia.
7. En todas partes desprecian a los traidores.
8. Varios emperadores romanos persiguieron a los cristianos.
9. Cuando terminaron el debate, levantaron la sesión.
10. En mi pueblo esperan con impaciencia la llegada del ministro.
11. El vista registró a conciencia todo el equipaje.
12. El médico forense practicó la autopsia ayer mismo.

123. Ejercicios de vocabulario

Por medio de los sufijos «-ado», «-ada», formar palabras derivadas de las siguientes y decir lo que significan:

Naranja (naranjada)	puñal	árbol
limón	cuerno	cencerro
vaca	pata	cónsul
becerro	apóstol	estoque
novillo	doctor	toro
yegua	profesor	cama
red	pensión	director
cruz	interno	horno

124. Ejercicios sobre los verbos

Diálogo entre un viajero (A) y el conserje (B) de un hotel:

A. – Buenas noches.

B. – Buenas noches, señor. ¿(Marcharse) Vd. mañana, verdad?

A. – Sí, [yo] (marcharse) mañana por la mañana. (Hacer) [Vd.] el favor de llamarme. El tren (salir) a las ocho y media, (llamar)me, pues, a las siete.

B. – Sí, señor, [nosotros] le (llamar) a las siete en punto. ¿(Querer) Vd. desayunar en la habitación?

A. – No, [yo] (preferir) tomar el desayuno abajo, en el comedor.

B. – Muy bien. ¿(Desear) Vd. algo más?

A. – Pues sí; ¿(poder) Vd. pedir un taxi para mañana?

B. – Me parece que no (ser) necesario; el coche del hotel le (llevar) a la estación, si Vd. (querer).

A. – Muy bien. Así (estar) todo arreglado. Buenas noches.

B. – Buenas noches, caballero.

125. Ejercicios sobre numerales

Léanse los siguientes numerales:
A.

2; 17; 28; 11; 21; 45; 38; 117; 124; 104; 13; 57; 14; 22; 44; 111; 20; 200; 449; 119; 175; 225; 215; 431; 51; 36; 89; 155; 886; 23; 144.

18; 7; 33; 408; 15; 67; 518; 1938; 1000; 4000; 1492; 1960; 1918; 25;
711; 1870; 1745; 1648; 9999; 8888; 113; 10000; 100000; 45733; 19;
830; 439; 1567; 4956; 69; 723; 968; 1111; 11567; 30000; 398; 509.

B.

1/3; 2/4; 3/5; 1/10; 4/9; 1/20; 2/3; 3/4; 1/25; 7/12; 6/7; 5/8; 1/6.

C.

2,45; 1,25; 3,80; 37,50; 6,95; 368,75; 1,17; 2,85; 31,40; 147,25.

D.

3%; 45%; 9%; 4,5%; 6,95%; 100%; 2 3/4; 5 7/9; 1 2/7; 0,45; 0,75%.

126. Ejercicios sobre los pronombres personales

Sustitúyanse las palabras que van en cursiva por los correspondientes pronombres personales:

1. Esperamos *a mi padre.*
2. Daré el libro *a mi hermano.*
3. La policía persiguió *a los ladrones.*
4. Mandaré *las flores a esta señora.*
5. Iré a ver *al alcalde* mañana.
6. Limpia *la lámpara.*
7. Da *la carta al cartero.*
8. Me sé *esta frase* de memoria.
9. Di *a tu amigo* que venga.
10. No puedo explicar *el asunto a mi padre.*
11. La madre compra *unos zapatos para su hija.*
12. El camarero sirve *un café a su parroquiano.*
13. He olvidado dar *la noticia a mi madre.*
14. Ayer encontré *al doctor* por la calle.
15. Mañana iré a visitar *al señor Pérez.*
16. Quiero que me compres *un abrigo.*
17. Tienes que decir siempre la verdad *a tus amigos.*
18. ¿Cuándo me enseñará Vd. *los cuadros* que ha comprado?
19. Hoy me he puesto *el vestido amarillo.*
20. Devuelve *la pluma a tu compañero.*

127. Ejercicios sobre los verbos

Establecer la debida concordancia de los verbos que van entre paréntesis:

1. El otro día, el alcalde de nuestra ciudad (hacer) una importante declaración.
2. Los problemas de la circulación (hacerse) cada vez más graves y complicados.
3. Anoche [yo] (saber) que tu padre (sufrir) un accidente anteayer.
4. ¿A cuánto (ascender) la Deuda Pública?
5. Me (parecer) poco oportuno que [nosotros] (defender) a una persona indigna.
6. (Tener) Vd. cuidado que no le (dar) gato por liebre.
7. No (hacer) falta que [tú] me (explicar) todo esto.
8. ¡Cómo (llover)!
9. No (permitir) Vd. que sus empleados (hacer) esto.
10. El Gobierno (proponerse) tomar medidas enérgicas para que tales cosas no (suceder).

128. Ejercicios de vocabulario

Sustituir por un adjetivo apropiado las siguientes expresiones:

1. Problema que no se puede resolver: (problema insoluble)
2. Un incidente en la frontera:
3. El tratamiento (de un enfermo) después de una operación o intervención quirúrgica:
4. Una enfermedad que no se puede curar:
5. La industria que produce el hierro y el acero:
6. Terrenos que contienen algún metal:
7. Agua que se puede beber:
8. Industria que fabrica tejidos:
9. Un hecho que no se puede discutir:
10. Un objeto que no sirve para nada:
11. Una medida que no se puede evitar:
12. Un remedio que perjudica:

129. Ejercicios sobre las preposiciones

Sustitúyanse los puntos por la preposición conveniente:

A.
1. No salgas ... casa ... este tiempo.
2. Llevo ya más ... tres meses ... España.
3. Mi amigo tiene un piso muy amplio ... la calle ... Valencia, ... Barcelona.
4. La señora no está ... casa; se ha ido ... compras.
5. He comprado una caja ... bombones ... los niños.
6. ¿Toma Vd. el café ... leche?
7. Llegaré ... el primero y el cinco ... junio.
8. No me marcho ... casa ... ... las seis.
9. ¿Tienes un libro ... el arte árabe ... España?
10. Este niño es muy inteligente ... su edad.

B.
11. ¿Vamos ... pie o ... bicicleta?
12. Me despedí ... la francesa.
13. Esta noche salgo ... Madrid.
14. La Galia fue conquistada ... César.
15. Cuando voy ... cazar, tengo que levantarme ... madrugada.
16. Iré ... España ... las próximas vacaciones.
17. He comprado naranjas ... nueve pesetas el kilo.
18. Mi reloj es ... oro; el tuyo, ... plata.
19. Juan ha tomado este asunto ... mucho entusiasmo.
20. Ayer estuve ... la iglesia; tuve que estar ... pie durante la ceremonia.
21. Los niños están jugando ... escondite.
22. Mi hermano es muy aficionado ... la música.
23. El niño tiene miedo ... perro.
24. Este fabricante saca ... sus negocios unas 500000 pesetas ... año.
25. ¡Acérquese un poco ... mí!
26. Ando buscándote ... toda la ciudad.
27. Este señor ha viajado ... toda América.
28. ... el trabajo que tengo no puedo ayudarte.
29. Me vendió el libro ... cien pesetas.
30. Llegamos ... la montaña ... dos luces.

130. Ejercicios de vocabulario

A. *Expresar el nombre del lugar o el comercio donde se vende, fabrica o arregla:*
(Ejemplo: pan – panadería)

libros
papel
perfumes
relojes
leche
carne
pasteles
flores
medicamentos
hierbas
billetes de lotería

billetes de ferrocarril
dulces
pelo
zapatos
utensilios domésticos
armas
tocino
pieles
entradas de teatro
harina
gasolina
sillas de montar

B. *Dígase cómo se llama la persona que fabrica, vende, coloca o arregla:*
(Ejemplo: libros – el librero)

camisas
cerrajas
zapatos
carbón (vegetal)
mercancías al por mayor
mercancías al por menor

pescado
toneles
relojes
muebles
pan
joyas
verduras

C. *¿Cómo se llama el que ... ?*

¿está privado de la vista?
¿está privado del habla?
¿no oye ni habla?
¿no tiene cabellos?
¿carece de un brazo?
¿carece de un ojo?
¿cruza los ojos al mirar?
¿no tiene suerte?
¿no tiene trabajo?
¿no sabe leer ni escribir?
¿no es ciudadano de nuestro país?
¿vive en un hotel?

¿no tiene padres?
¿carece de instrucción?
¿carece de fortuna?
¿no tiene salud?
¿carece de libertad?
¿está privado del oído?
¿no está contento?
¿es propietario de una casa de vecinos?
¿toma parte en un cursillo?
¿enseña?
¿prepara las comidas en un restaurante?

131. Sobre interjecciones y expresiones de valor exclamativo

Explicar las expresiones que van en cursiva:

1. *Anda*, no te pongas a llorar.
2. Jorge se ha casado. – *No me digas.*
3. ¿Tienes la llave? – *Ahí va.*
4. ¿Que yo le deje dinero …? – *Ni hablar.*
5. *Vamos*, tengo mucha prisa.
6. ¿Han arreglado el coche? – *Ya está.*
7. ¿Que ella no tiene dinero? – *Cuentos.*
8. ¡*Oiga*! – ¡*Diga*!
9. ¿Que no tendrías tiempo? – ¡*Mentiras*!
10. ¿Cincuenta pesetas? – ¡*Qué barbaridad*!
11. *En mi vida* he visto yo semejante tontería.
12. Se habrá enterado ¿eh? ¡*Qué va*, hombre!

132. Ejercicios sobre el subjuntivo

Dígase la tercera persona del singular del «imperfecto de subjuntivo» de los siguientes verbos:
(Ejemplo: Tener – tuviera, tuviese)

Hacer	huir	salir	dormir
morir	gemir	oir	ver
ser	placer	construir	valer
andar	caer	mentir	traer
poder	ir	asir	pedir
venir	querer	conducir	corregir
decir	saber	caber	satisfacer
sentir		estar	

133. Ejercicios de acentuación

Completar las siguientes frases:
A. *cuan; cuán*

Yo sé … desgraciado soy.
¡… rápidamente se propagan las malas noticias!

Fue tan grande su odio ... grande había sido su **cariño**.
¿Has olvidado ... felices éramos?

B. *cuanto; cuánto*

¿... cobras mensualmente? ¡... dinero!
¿... vale ese coche? No sé ... vale.
¡... llueve! ¡... calamidades he pasado!
Le di ... tenía. Vales tanto ... tienes.
No sabes ... celebro volver a verte.
Come ... te apetezca.
Procura solucionar ... antes este enojoso asunto.
Perdió en la ruleta ... poseía.
Dígame ... tengo que darle.
Ella sabe muy bien ... son dos y dos.

C. *cuando; cuándo*

¿... llegasteis? Ignoro ... llegaré.
Ven a visitarme de ... en ...
¿... nos volveremos a ver? No sé ...
Todo se arreglará ... regrese mi amigo.
Debe ser verdad ... todos lo dicen.
No cejaré en mi empeño aun ... me arruine.
Es difícil determinar el ... y el dónde.
... menos se espera, salta la liebre. *(Refrán)*

134. Sustantivos de cantidad y colectivos

Remplazar los puntos por el substantivo conveniente:

1. Un ... de vino (vaso)
2. una ... de licor
3. un ... de azúcar
4. una ... de jabón
5. una ... de aspirina
6. un ... de perfume
7. una ... de jamón
8. una ... de chocolate
9. un ... de ovejas
10. una ... de ciervos
11. una ... de ladrones
12. una ... de libros
13. un ... de flores
14. una ... de conservas

135. Ejercicios sobre los verbos de irregularidad común

Póngase el verbo que va entre paréntesis en el tiempo y persona correspondientes:

1. El número de las plantas cultivadas por el hombre (ascender) a un millar de especies.
2. Si (llover), [yo] (quedarse) en casa.
3. ¡No (cerrar) [tú] la puerta!
4. [Yo] (confesar) que no (entender) lo que (querer) decir esto.
5. ¿Por qué [tú] no (sentarse)?
6. La hierba (segarse) con hoz o guadaña.
7. [Yo] le (recomendar) a Vd. que no (pensar) más en este asunto.
8. Creo que el niño (mentir).
9. ¿A qué hora (empezar) [tú] a trabajar?
10. (Probar) [Vd.] este pastel.
11. [Yo] no (acordarse) de su nombre.
12. Tus amigos no (mostrar) mucho entusiasmo.
13. El chico (avergonzarse) de haber hecho esto.
14. [Yo] (querer) que la chica (fregar) primero los platos, luego (poder) regar las flores.
15. Tus palabras me (consolar) un poco.

136. Ejercicios de vocabulario

Cómo se llama el color que tira a ...

¿amarillo?	¿blanco?	¿azul?
(amarillento)	¿rojo?	¿pardo?
¿negro?	¿verde?	¿gris?

137. Ejercicios sobre el adjetivo

Poner los adjetivos siguientes en el superlativo absoluto:

1. áspero (aspérrimo)
2. feliz
3. antiguo
4. pobre
5. libre
6. ardiente
7. malo
8. pulcro

9. sabio
10. infinito
11. rico
12. fácil

13. mísero
14. eterno
15. nuevo
16. acre

138. Ejercicios sobre los verbos de irregularidad propia

Expresar correctamente los verbos encerrados entre paréntesis:

1. ¿Por qué [tú] no me (decir) la verdad el otro día?
2. ¿Por qué no (venir) [tú] *(pret. indefin.)* a la fiesta?
3. ¡Ojalá (hacer) buen tiempo mañana!
4. ¡No (hacer) Vd. esto!
5. Quiero que este señor (salir) en seguida.
6. Tu hermano me (traer) este paquete hace una semana.
7. (Ir) Vd. con mucho cuidado.
8. El otro día tu padre (venir) a verme.
9. No (ponerse) [tú] tan serio.
10. Ayer (saber) [yo] la noticia.
11. Ayer [yo] (ir) a verle, (leer) la carta y se la (traducir).
12. Anteayer [él] no (querer) venir.

139. Ejercicios de vocabulario

Cómo se llama un bosque de ..., un lugar plantado de ... o donde abundan los (las) ...
(Ejemplo: pino – pinar)

robles	rosas	ortigas
trigo	limones	cañas
maíz	pinos	carrascas
encinas	hayas	uvas
olivos	arroz	plátanos
manzanos	naranjos	árboles
álamos	juncos	melones

140. Ejercicios sobre los verbos

Póngase el verbo en el tiempo y persona correspondientes, según el sentido de la frase:

1. Del hígado del bacalao (extraerse) un aceite que (contener) varias vitaminas.
2. En todas partes (cocer) habas. *(Refrán)*
3. El Ebro (nacer) en la provincia de Santander.
4. El riachuelo (regar) con sus aguas los prados y huertos del valle.
5. Habláis de cosas que no [vosotros] (conocer).
6. Los peces (encontrar) en el mar una alimentación abundante y variada.
7. El calor (dilatar) los cuerpos, y el frío los (contraer).
8. Si (hacer) calor, la columna de mercurio (subir) en el termómetro; si (hacer) frío, (bajar).
9. Muchos de los cuerpos celestes (moverse) a velocidades enormes.
10. Ayer (saber) que tu padre está enfermo.
11. ¿Por qué [tú] no (venir) el otro día?
12. Para orientarse, los navegantes (servirse) de la brújula.
13. Los esquimales (construir) chozas de nieve llamadas igloos.
14. El calor del sol (derretir) la nieve en la primavera.
15. La morena es un pez de mar que (vivir) en los fondos rocosos.

141. Sobre el empleo de los pronombres personales

Suplir los puntos con el pronombre personal adecuado:

1. ¿De dónde tienes estas revistas? – ... ... han regalado.
2. El niño quiere sus juguetes; voy a dár ... ...
3. No me has traído los periódicos; tendrás que mandár ... ...
4. Carlos no comprende este problema a pesar de que yo ... ... he explicado dos veces.
5. Me harías un favor quedándo... en casa.
6. Yo ... quedo en la finca; a ... ... gusta mucho la vida del campo.
7. ¿Tienes un cuadro nuevo? ¿Por qué no ... ... enseñas [a nosotros]?
8. Estos dibujos ... gustan [a mí]; ... compro.
9. Esta tela es mala. ¡No ... compres!
10. [Yo] ... quedo con este traje. ¿Quiere Vd. mandár ... ... a casa?
11. Aquí le traigo las camisas, a ver si ... ... arregla Vd.
12. Ya no queda ni un huevo; ... ... han comido todos.

142. Ejercicios sobre los verbos

Establecer la debida concordancia de los verbos que van entre paréntesis:

1. No (burlarse) [tú] nunca de los pobres, (procurar) ayudarles cada vez que (poder).
2. Si has cometido un error, no (buscar) mil excusas. Más vale que (pedir) perdón y que no (volver) a hacer lo mismo otra vez.
3. Nuestra vida sería bien triste si no (tener) un poco de ilusión.
4. No sé si las flores (resistir) si (hacer) mucho frío.
5. Nuestros profesores nos (repetir) con frecuencia que [nosotros] (deber) hacer un gran esfuerzo para aprobar el examen.
6. Las leyes de la naturaleza no (infringirse) sin castigo.
7. Catón no (cesar) de pedir que (destruirse) a Cartago.
8. Anoche el sereno (coger) a un ladrón en el despacho del director.
9. Te (perdonar) con tal que (arrepentirse) de lo que has hecho.
10. El avaro (adquirir) cada vez más bienes, pero su codicia (crecer) con sus riquezas.

143. Ejercicios de vocabulario

Expresar con el verbo apropiado las definiciones siguientes:

1. Aguijar con la espuela (espolear)
2. cantar a media voz
3. besar repetidamente
4. hablar entre dientes
5. hablar confusa y atropelladamente
6. hacer ademanes con las manos al hablar
7. pisar repetidamente una cosa
8. mover o agitar una cosa
9. volar haciendo tornos y giros en poco espacio
10. dar repetidos golpes

144. Ejercicios sobre el uso del indicativo o subjuntivo

Establecer la debida concordancia de los verbos que van entre paréntesis:

1. Tu padre me dijo que [tú] (estar) enfermo.
2. Sé que [tú] (estar) enfermo.
3. ¿Está enfermo? No, que yo (saber).

4. Busco una cocinera que (conocer) la cocina francesa.
5. Ayer supe que [tú] no (venir) mañana.
6. Es natural que tu hermano (estar) enfadado.
7. Dime lo que (querer) hacer [vosotros].
8. Es bueno que todo el mundo (estar) aquí.
9. Quizás no (venir) tus amigos.
10. Temo que el tren (traer) mucho retraso.
11. No será fácil que [nosotros] le (convencer).
12. Está visto que no (servir) para nada este trasto.

145. Formación de palabras

Formar adjetivos derivados de los nombres siguientes:

Día (diario)	Hércules	margen
sangre	Cervantes	substancia
fortuna	gracia	erupción
tiempo	Satanás	mes
semana	año	estrella
nariz	dialecto	obispo
drama	hombre	intención
diablo	ángel	volcán
cristal	siglo	Dios

146. Ejercicios sobre el régimen de verbos, nombres, etc.

En caso necesario, súplanse los puntos con la preposición conveniente:

1. Confío ... tu hermano.
2. No te fíes ... sus palabras.
3. No aludas ... su enfermedad.
4. Ahora se trata ... lograr su acuerdo.
5. Ya es hora ... salir.
6. Pensamos ... salir mañana.
7. No pienses más ... este asunto.
8. Se figura ... ser el mejor pianista del país.
9. No te apartes mucho ... la carretera.
10. ¿... qué te refieres?
11. Tenemos que dirigirnos ... alcalde.
12. El criado padece ... hígado.

13. La opinión pública se opone ... todas las reformas.
14. Es urgente ... llevar al enfermo a la clínica.
15. ¿Quién nos protegerá ... todos los peligros?
16. Tenemos que recurrir ... otro método.
17. Me siento incapaz ... comprender sus teorías.
18. Su actitud no es propia ... un caballero.
19. Procuraremos ... terminar el trabajo cuanto antes.
20. No puedo prescindir ... sus servicios.
21. Esta casa se está convirtiendo ... un manicomio.
22. Nos interesa ... saber más detalles.
23. No sé si los precios conseguirán ... estabilizarse.
24. Intentaremos ... encontrar una solución adecuada ... este problema.
25. Cuando vaya ... Madrid, arreglaré ese asunto.

147. Ejercicios de vocabulario

Con el sufijo «-ismo» formar sustantivos derivados de las palabras:

Símbolo (simbolismo)	pagano	órgano
galo	católico	realidad
cristiano	Brahma	pesimista
patria	capitalista	ateo
escéptico	judío	materia
inglés	periódico	lira
déspota	espíritu	protestante
fatalidad	optimista	socialista
comunidad	Buda	federal
ideal	héroe	romántico

148. Ejercicios sobre los verbos

Establecer la debida concordancia de los verbos que van entre paréntesis:

1. El agua (hervir) a 100 grados.
2. ¿No (servirse) Vd.?
3. Todo esto no (resolver) nuestro problema.
4. Ayer, el contable (pedir) un aumento de salario.
5. Nuestro portero (morir) el jueves santo.
6. ¿Qué te (parecer) este libro?
7. Le aconsejo [a Vd.] que no (salir) con este tiempo.

8. No quiero que [tú] (juzgar) esta obra sin haberla leido.
9. Lo mejor es que Vd. (dirigirse) al jefe de la empresa.
10. Más vale que [tú] (venir) mañana.

149. Ejercicios de vocabulario

Remplazar el complemento determinante por un adjetivo:

1. Los rayos del sol (Los rayos solares)
2. El disco de la luna
3. Un paso de gigante
4. El rocío de la mañana
5. Hace un tiempo de tempestad
6. Todavía no he hecho ningún viaje por aire
7. Una compañía de petróleo
8. Ayer fue para mí un día de felicidad
9. El ejército de tierra
10. El comercio por mar
11. En las regiones de los polos hace mucho frío
12. Ése es un acto de abuso
13. La autoridad de un lugar
14. Las virtudes del ciudadano
15. Yacimientos de oro
16. Navegación por los ríos
17. Una provincia del Rin
18. Clima del interior de los continentes
19. Plantas que contienen aceite
20. Plantas que se emplean en la industria

150. Ejercicios sobre el verbo «específico»

Súplanse los puntos con el verbo correspondiente en la forma que pida el sentido de la frase:

1. Hoy ... mucho calor.
2. Esa palabra no ... en el diccionario.
3. Tiene intención de ... la carrera diplomática.
4. El médico ha ... un certificado para el enfermo.
5. Conviene ... algunas modificaciones en nuestro programa.
6. La proposición del diputado X ha ... a numerosas objeciones.

7. Quiero ... su atención sobre un libro muy interesante que acaba de ...
8. Yo no quiero ... ningún riesgo.
9. Te aconsejo que ... a ver en seguida a un médico.
10. Nuestro ejército ha ... una gran derrota. Ha ... grandes pérdidas.
11. Dentro de pocos días tengo que ... de viaje hacia el extranjero.
12. Has ... un grave error.
13. El jefe ha ... hoy revista a las tropas.
14. Ese actor ha ... con gran naturalidad.
15. La orquesta ha ... con mucho gusto, tanto que ha ... al auditorio.

151. Ejercicios sobre el verbo «volver», sus compuestos y verbos afines

Suplir los puntos por el verbo que exija el sentido de la frase:

1. Lo llevaré todo si Vd. me lo ... bien.
2. ¿Ha ... ya de Barcelona tu padre?
3. A ver si entre tú y yo por fin ... la cuestión.
4. Hijo, no ... todo el armario y ... buscarlo en la maleta *(imperativo)*.
5. Hay que ... el dinero mañana mismo.
6. ¿Qué? ¿No pensabas ... el paquete que te han traído?
7. La vieja ya ... *(pret.)* en sí a los pocos minutos.
8. Ya le ... la visita cuando podamos.
9. Cuando vimos aquello, ... a Zaragoza en el primer tren.
10. El niño ... *(pret.)* todo lo que había comido.
11. No querrá Vd. que [yo] ... todo esa balumba hasta encontrar la pitillera.
12. Habíamos ... en papel de seda, pieza por pieza, toda la vajilla, pero tuvimos que ... todos los cacharros otra vez para ... a dejarlos en el aparador.

152. Ejercicios de vocabulario

Calificativos antónimos:

Noble (innoble)	dependiente	sensible
divisible	eficaz	practicable
fructuoso	material	igual
tranquilo	responsable	personal
leal	cortés	aceptable
permeable	cuidado (jardín)	constante
asequible	perceptible	culto

par	consecuente	directo
suficiente	parcial	numeroso
revocable	inteligible	corpóreo
útil	legítimo	mortal
transparente	blando	cruel

153. Ejercicios sobre las preposiciones

Súplanse los puntos con las preposiciones convenientes:

1. Tu triunfo sería ... mí motivo ... gran satisfacción.
2. Le tengo ... persona ... poca confianza.
3. Me han preguntado ... el resultado ... mis gestiones ... el alcalde.
4. No te enfades ... lo que acabo ... decir; lo he dicho ... broma.
5. Se comieron un cordero ... cuatro amigos.
6. Dejamos este trabajo ... el lunes.
7. Vivo en Pamplona ... hace cuatro años.
8. Lo oí ... mis propios oídos.
9. Los adversarios llegaron ... las manos.
10. Este problema no se puede resolver ... la noche ... la mañana.
11. No cuelgues este cuadro ... la pared.
12. Me quedaré aquí ... siempre.
13. Llamaremos ... los candidatos ... orden alfabético.
14. Este comerciante es muy atento ... sus clientes.
15. Pon el coche ... la sombra.

154. Ejercicios sobre «ser» y «estar»

Completar con los verbos «ser» o «estar» según convenga:

1. Si no [yo] ... a esa hora en el café, ... paseando por el parque.
2. Tu libro ... encuadernado en rústica; el mío, en piel.
3. No ... de Madrid, pero ... allí hace mucho tiempo.
4. No ... bien con Juan, porque ... demasiado enfadadizo.
5. Ese muchacho ... de buena familia; ... una lástima que ... enfermo, y lo peor ... que su enfermedad ... incurable.
6. ¿... Vd. en lo que digo? ¿... entendidos? ¿... Vd. seguro de que el negocio ... bueno?
7. A mi amigo le habrán hecho alguna cosa mala, porque ... que bota.

8. Mi camisa ... arrugada y sucia; tengo otra que ... de tela muy fina y ... bien planchada.
9. Esa señora ... en todo.
10. El tren ... para salir de un momento a otro.
11. Déjeme en paz que [yo] no ... para bromas.
12. ... una mala vergüenza que [él] ya ... trompa a estas horas.

155. Ejercicios sobre las preposiciones

Súplanse los puntos por la preposición que pida el sentido de la frase:

1. Yo aprecié siempre ... mucho el talento de aquel muchacho, y en todas partes era también apreciado ... sus buenas cualidades.
2. Los españoles son muy aficionados ... los toros.
3. Cojeaba un poco ... pie izquierdo; según dicen, era cojo ... nacimiento.
4. Antonio se había casado ... su prima María cuando ésta contaba sólo 17 años; se casaron ... poderes, estando él ... América y ella ... España.
5. El capitán no quiso arriesgarse ... salir, por miedo ... temporal.
6. Mi padre arriesgó ... aquella empresa todo cuanto poseía.
7. Mientras el oficial atravesaba ... la espada a su enemigo, a su lado caía su asistente atravesado ... una bala.
8. Y las madres lloraban, atravesadas ... dolor.
9. Estaba escrito que debía ella atravesarse ... mi camino.
10. ¡Ay ... mí! ¡Ay ... los vencidos!

156. Ejercicios sobre los verbos

Establecer la debida concordancia de los verbos que van entre paréntesis:

1. Esta mañana [yo] (dar) dinero al niño para que (comprarse) un juguete.
2. El otro día, el tren de Madrid a Barcelona (llevar) media hora de retraso. Tan pronto como [yo] (llegar) a Barcelona, (llamar) por teléfono a mi hermano para que (venir) a buscarme en su coche.
3. Es extraño que los ricos (ser) muchas veces más avaros que los pobres.
4. ¿Qué me (contar) Vd. de su familia?
5. ¡Ojalá no (llover) mañana!
6. No (permitir) Vd. que su hijo (hacer) esto.

7. Es aconsejable que Vd. (tener) mucho cuidado en este asunto.
8. Ayer tu vecino me (decir) que (marcharse) a América el mes que (venir).
9. Mi abuelo (morir) el año pasado.
10. El niño (estar) muy cansado, por esto (dormirse) al poco rato.

157. Modismos

Explicar el significado de las expresiones que van en cursiva:

1. Gasta el dinero *a manos llenas*.
2. Le han cortado el pelo *al rape*.
3. Carmen está cabalgando *a mujeriegas*.
4. Nos hemos divertido *de lo lindo*.
5. Tiene la costumbre de ponerse *en cuclillas*.
6. Durmió toda la tarde *a pierna suelta*.
7. Estuvo lloviendo *a chorros* toda la mañana.
8. Lo sé *a ciencia cierta*.
9. Se marchó *a la chita callando*.
10. Aquí se extrae el carbón *a cielo abierto*.
11. Y ése, riéndose *a mandíbula batiente*.
12. No dejes el trabajo *a medio hacer*.

158. Ejercicios sobre las preposiciones

Súplanse los puntos por la preposición que pida el sentido de la frase:

1. El hijo pródigo acabó ... la herencia recibida.
2. La espada acaba ... punta.
3. El abecedario acaba ... la Z.
4. Tantos disgustos acabarán ... tu pobre madre.
5. Herido gravemente, el infeliz soldado acabó ... brazos de sus compañeros.
6. Todavía no he empezado ... escribir la carta.
7. Mi hermano acaba ... llegar de los Estados Unidos.
8. No todo acaba ... la muerte.
9. Acabo ... recibir su carta, de fecha 5 del pasado.
10. No pude contenerme, y acabé ... abofetearle.
11. Ni debemos usar ... enredos con nuestro prójimo, ni abusar ... su confianza.

12. Acuérdate … mí cuando estés otra vez en tu tierra.
13. He perdido por completo la memoria: no recuerdo … nada.
14. El traidor se pasó … los contrarios, y causó la ruina de su nación.
15. El reo estaba sinceramente arrepentido … crimen cometido, y tenía los ojos arrasados … lágrimas.

159. Formación de palabras

Distíngase el primitivo y el sufijo de los siguientes derivados y póngase para cada ejemplo una frase:

torero …   puñalada …
cañonazo …   amorcillo …
poblacho …   quijotesco …
andariego …   condesa …
cucharada …   tazón …
noviazgo …   rabón …
respondón …   poetisa …
rojizo …   aldeano …
camarín …   carnicería …
panadero …   caliza …
docena …   perrera …

160. Ejercicios de acentuación

Completar las siguientes frases con el término apropiado:

A. *solo; sólo*

Cuando estoy …, me aburro.
Hay personas que … saben criticar.
Quiero quedarme …, aunque … sea esta noche.
Trabajo los sábados y … los domingos no trabajo.
Nos gustó mucho aquel … de piano.
Todo fue cuestión de un … día.
Ya faltan … quince días para Navidad.

B. *aun; aún*

¿… no has leído el periódico?
No he visto … esa película.

No se lo he dicho a nadie, ni ... a mi padre.
No me creo ni ... la mitad.
No podría hacerlo ... cuando me lo pidieras.

C. *donde; dónde*

¿... estás? No sé ... estás.
¿En ... nos encontramos?
He encontrado el libro ... lo había dejado.
Dime ... quieres que te espere.
El barrio ... vivo es muy tranquilo.

161. Ejercicios sobre los verbos

Establecer la debida concordancia de los verbos que van entre paréntesis:

1. ¿Qué te (parecer) este plan?
2. No me (proponer) [Vd.] negocios que no se (poder) realizar.
3. (Nevar) toda la noche.
4. [Yo] no (comprender) por qué tu jefe no (querer) reconocer que (equivocarse).
5. El domingo próximo (celebrarse) una corrida de toros en Huelva.
6. Es posible que (nevar) todo el día.
7. ¿Por qué [tú] (negarse) a recibir a este señor?
8. Este mes (hacer) mucho frío, pero es posible que el termómetro (bajar) aún más.
9. No (venir) Vd. a mi casa antes de que [yo] le (avisar) por teléfono.
10. Quiero que [nosotros] (tomar) una decisión antes de que (ser) tarde.

162. Ejercicios de vocabulario

Sustituir por un adjetivo los determinantes del sustantivo:

La región donde se nace (región natal)
La religión de Cristo
La ocupación de todos los días
La costa de Levante

La costa del Cantábrico
El frío del invierno
Los aires del campo
Las flores de los Alpes
La cordillera de los Pirineos
El trabajo que se hace a mano
El trabajo que se hace a máquina
El cariño de los hijos
La luz del sol
Las risas de los niños
Los deberes de la escuela
La estación de las lluvias
Un consejo de amigo
Los calores del estío
Una congestión del pulmón
Un cólico del hígado
Las ordenanzas del Municipio
Los preceptos de la Ley
La blancura de nieve
Las estepas de Siberia

163. Ejercicios sobre las preposiciones y los verbos

En caso necesario, sustituir los puntos por la preposición conveniente, y emplear correctamente los verbos que van entre paréntesis:

1. Los privilegios de la aristocracia (explicarse) ... la Edad Media ... la necesidad de protección que (experimentar) los débiles ... los ricos, pero (dejar) ... tener razón de ser cuando la monarquía (reunir) ... sus manos todos los poderes feudales.
2. Desgraciadamente, los reyes, en lugar ... emplear ... su autoridad ... mejorar la suerte del pueblo, (dejar) ... subsistir todos los abusos.
3. Hace un mes que [yo] le (decir) que no (hacer) esto.
4. Bismarck (proponerse) ... fundar la unidad alemana ... la hegemonía prusiana.
5. La política exterior de Bismarck (tener) dos objetos: aislar ... Francia ... Europa e impedir ... Austria que (reconquistar) un predominio sobre los Estados alemanes, que (disminuir) la omnipotencia de Prusia.

6. Carlomagno (suceder) ... su padre en 768, y (reinar) hasta 814.
7. Carlos Quinto (poder) decir que el sol no (ponerse) ... sus dominios.
8. Un momento el Emperador (soñar) ... la dominación universal, pero luego (abandonar) ... esta idea.
9. El otro día [nosotros] (quedar) ... conceder un crédito ... este señor.
10. Este monumento (estar) labrado ... roca viva.

164. Ejercicios de vocabulario

Fórmense adjetivos calificativos derivados de las siguientes palabras:

arena (arenoso)	invierno	negro
hambre	semana	rojo
burla	año	azul
carne	arrojar	primavera
casa	venir	otoño
Pascua	tierra	día
héroe	arcilla	estío
cobre	perro	mes
blanco	sol	siglo
amarillo	selva	espantar
gris	nariz	perecer
verano	pardo	Navidad

165. Ejercicios sobre los verbos

Colocar el verbo entre paréntesis en la forma que pida el sentido de la frase:

1. Este hombre no (pensar) más que en su familia.
2. No le (decir) Vd. que he estado aquí.
3. Quiero que [tú] (tener) un poco de paciencia.
4. No sé cuándo (venir) mi hermano.
5. Creo que no (llover).
6. El otro día tu jefe me dijo que [yo] (ir) a verle a su despacho.
7. Ayer me enteré de que [tú] no (venir) a la fiesta.
8. Tu amigo me preguntó el otro día lo que (tener) que hacer, yo le dije que no (hacer) nada.
9. Cuando Vd. (venir) a México, le enseñaré mi casa.
10. Tan pronto como [yo] (saber) algo, te llamaré por teléfono.
11. No me (hacer; *imp.*) [tú] ese desaire.
12. ¡Cuidado! ¡No (caerse) Vd.!

166. Palabras que no deben confundirse

Determinar – con ejemplos – la significación de las palabras siguientes:

1. revelar – relevar
2. ojear – hojear
3. grabar – gravar
4. expirar – espirar
5. expiar – espiar
6. espolear – expoliar
7. derribar – derivar
8. desbastar – devastar
9. botar – votar
10. arrojar – aherrojar

167. Ejercicios sobre las preposiciones

Sustituir los puntos por la preposición que convenga:

1. El candidato hizo un buen examen y ... feliz resultado.
2. Ha vendido su máquina ... coser ... una amiga.
3. La exportación ... naranjas tiene mucha importancia ... la economía española.
4. ¿Echaron ... la criada por ladrona?
5. Volveré ... una semana.
6. ¿Conoces ... este señor ... las gafas?
7. El expreso ... Algeciras llegó ... Madrid ... dos horas ... retraso.
8. ¿Qué hace Vd. ... aquí?
9. La chica ... los ojos verdes que se ha sentado ... la primera mesa es muy guapa.
10. ¡No me vengas ahora ... todos estos detalles!

168. Ejercicios de vocabulario

Decir el significado de los siguientes nombres colectivos:

Jauría (conjunto de perros)	rebaño	cordillera
enjambre	carrascal	coro
hayedo	viñedo	alameda
	gente	encinar

clero	arboleda	flota
cañaveral	pinar	archipiélago
piara	tropa	orquesta

169. Ejercicios sobre las preposiciones

Sustituir los puntos por las preposiciones convenientes:

1. El avión pasó ... encima ... los tejados de la ciudad.
2. Tuvimos que dormir ... aire libre.
3. Lo hizo todo ... propia iniciativa.
4. El desfile pasó ... delante ... mi casa.
5. El barco pasó ... debajo ... puente del río.
6. Te doy trescientas pesetas ... este libro.
7. ¿... qué no quieres obedecerme?
8. Mandaron ... Sr. X. ... embajador ... Londres.
9. El oficial vestía ... paisano.
10. ¡Coge ... niño ... la mano!
11. Paso toda la noche ... el casino.
12. Vamos ... jugar ... los naipes.
13. Mandaremos ... la criada ... pan.
14. Arriesgó su vida ... sus hijos.
15. Haré este trabajo, no ... el dinero, sino ... gusto.

170. Ejercicios sobre los verbos

Establecer la debida concordancia de los verbos que van entre paréntesis:

1. Este señor, (decir) lo que quiera, a mí me (parecer) que (mentir).
2. Conviene que [tú] (saber) que no estaré en casa mañana.
3. La niña se queja de que los chicos del vecino le (pegar).
4. No creo que Vd. (tener) éxito.
5. [Yo] quisiera que [tú] me (explicar) este asunto.
6. De pronto, el chico (ponerse) a llorar.
7. Apenas (terminar) nuestro paseo, cuando empezó a llover.
8. Si [nosotros] (decir) a nuestros abuelos que en nuestra época (tardarse) pocas horas en atravesar el Atlántico, no nos (creer).
9. Te había escrito que [yo] (llegar) hoy o mañana.
10. Benditos (ser) todos los que nos han ayudado.

171. Palabras que se confunden fácilmente

Colocar la palabra adecuada en el lugar de los puntos:

1. el velo – la vela – la velada:
   Durante la ..., Elisa lucía un ... de encaje; al quitárselo, tropezó incomprensiblemente con una ..., y lo quemó.
2. la fracción – la fractura – la factura:
   a) la ... del doctor se refiere a la ... del brazo que sufriste el mes pasado.
   b) La ... más fuerte se opuso a la reforma agraria.
3. marítimo – marino – marital:
   El ... que hacía vida ... con la viuda de su hermano, se quejaba de que el clima ... no le sentaba bien.
4. medio – mediano – medievo:
   El ... para comprender las costumbres peculiares del ... es no contentarse con un ... estudio de la historia de aquellos tiempos.
5. pacífico – pacifista:
   El gobernador es un hombre sumamente ..., pero sabe ser enérgico cuando se trata de defender sus opiniones ...

172. Ejercicios sobre los numerales

Sustitúyanse los puntos por adjetivos numerales:

1. Antonio es el (1) ... alumno de la clase, Pedro es el (2) ... y mi hermano, el (3) ...
2. Carlos (I) ... de España y (V) ... de Alemania es conocido en la Historia con el sobrenombre de «El Emperador».
3. Yo vivo en el (1) ... piso, y mis padres en el (8) ...
4. He leído el capítulo (VII) ... de tu novela; es la (7) ... vez que lo hago.
5. Dice el (VIII). ... Mandamiento de la Ley de Dios: «No levantarás falsos testimonios ni mentirás.»
6. Alfonso (XIII) ... fue el último rey de España.
7. Al Papa Pío (XII) ... le sucedió Juan (XXIII) ...
8. En 1958 celebró Munich el (800) ... aniversario de su fundación.
9. Estamos en la (2) ... mitad del siglo (XX) ...
10. Al hijo (1) ... se le llama primogénito.
11. Noviembre es el (11) ... mes del año, y diciembre, el (12) ...

173. Ejercicios sobre el verbo «salir»

Suplir los puntos con las preposiciones convenientes:

1. No salgas ... la calle con este tiempo tan malo.
2. El tren sale ... las 12.45.
3. El niño ha salido ... su abuelo.
4. La guardia civil salió ... encuentro de los ladrones.
5. Las naranjas me salen ... nueve pesetas el kilo.
6. Al oir esto, le salieron los colores ... la cara.
7. Como de costumbre, salió ... una simpleza.
8. ¿Ahora sale Vd. ... ésas?
9. No sale ... pobre a pesar de que tiene mucha iniciativa.
10. No creo que haya salido ... ti esa idea.
11. Espero salir pronto ... este apuro.
12. El muchacho era tan testarudo, que siempre se salía ... la suya.
13. Los ríos españoles de la vertiente mediterránea se salen muy a menudo ... madre.
14. Esto es demasiado, se sale ya ... la regla.
15. Lo que le dije le hizo salir ... sus casillas.

174. Fraseología y modismos

Comentar el significado de las siguientes expresiones y modismos:
A.
1. *Se ha pasado cuatro meses a la sombra* por *ser demasiado largo de manos.*
2. La criada *ha estado haciendo cola* dos horas.
3. El pan es un artículo *de primera necesidad.*
4. Esta tela es un artículo *de primera calidad.*
5. Lo que te digo es *un artículo de fe.*
6. Después de muchos días, la policía ha conseguido *echarle el guante.*
7. Los bandidos *salieron al encuentro* de la guardia civil y le *hicieron frente.*
8. Don Quijote iba armado *de pies a cabeza.*
9. Esta noche *vamos a armarla.*
10. Allí *se armó la de San Quintín.*
11. Ese tipo siempre está *armando camorra.*
12. No tenemos más remedio que *armarnos de paciencia.*
13. *Aquí donde Vd. me ve,* he estado viajando veinte años por América.
14. Era un señor gordo y bajito, *bastante entrado en años.*
15. Juanito *está hecho una ardilla.*

B.

1. Como era de esperar, Pedro *ha vuelto a las andadas*.
2. No nos queda otro remedio que *aguantar mecha*.
3. Este mes *se han dado de alta* otros quince socios del club.
4. El médico *ha dado de baja* por enfermedad a ese individuo.
5. Es muy peligroso en estos momentos *jugar al alza*.
6. Las tropas *hicieron alto* en el camino.
7. Aquellas dos mujeres andaban siempre *a la greña*.
8. Hay que *andar con mucho ojo* en ese asunto.
9. Ese asunto *me hace andar de cabeza* desde hace algunos días.
10. Cúbrase, por favor, *no se ande con cumplidos*.
11. En estos negocios conviene siempre *andar con pies de plomo*.
12. Cuando el muchacho llegó a casa, su padre *le sacudió el polvo*.
13. Esa muchacha no tiene *pelos en la lengua*.
14. No crea Vd. que me estoy *chupando el dedo*.
15. Hay que *jugar limpio*, no *con dos barajas*, como tú haces.

175. Ejercicios sobre el régimen de verbos, nombres, etc. y sobre el uso de las preposiciones

Remplazar los puntos por la preposición conveniente:

1. Este autor está obsesionado ... la idea de la muerte.
2. Volveremos ... vernos pronto.
3. Pase Vd. ... comedor.
4. Estas plantas trepan ... la pared.
5. Me encuentro muy ... gusto porque nadie se ocupa ... mí.
6. De repente se dio cuenta ... que había caído ... una trampa.
7. Tengo que hablar ... Vd. ... este problema, pero sólo dispongo ... media hora.
8. Podemos empezar ... comer.
9. El cliente se fue ... mostrador ... buscar otro vaso ... cerveza. Sacó ... la cartera un billete de mil pesetas.
10. Tengo costumbre ... viajar ... tren.
11. No estoy acostumbrado ... esta manera de trabajar.
12. ¿Se propone Vd. ... asistir ... congreso?
13. Tengo mucha fe ... la calidad de su trabajo.
14. Me permitiré ... acudir ... su experiencia.
15. Con su última obra, este autor se ha incorporado definitivamente ... mundo de las letras.

16. El conserje se olvidó ... apagar las luces.
17. Anoche tardé mucho rato ... dormirme.
18. La puerta da ... un jardín muy hermoso.
19. El anciano, cansado ... tanto caminar, se sentó ... un banco.
20. Este joven ha batido ... todas las marcas (todos los records).

176. Modismos

Explicar el significado de las expresiones que van en cursiva:

1. Este hombre *tiene malas entendederas*.
2. Le han cortado el pelo *al rape*.
3. Mi amigo está *a lo que salga*.
4. Nos hemos divertido *a base de bien*.
5. Esto me *lo sé al dedillo*.
6. Se marchó *a la chita callando*.
7. Este negocio es una *mina de oro*.
8. Habla *a tontas y a locas*.
9. Se lo sabe *a pies juntillas*.
10. *A lo loco* se vive mejor.

177. Ejercicios sobre el verbo «caer»

Remplazar los puntos por la preposición conveniente:

1. Aquella familia había caido ... la miseria.
2. La ventana de mi habitación cae ... la calle.
3. La fiesta de mi pueblo cae ... San Juan.
4. El pelotón cayó inopinadamente ... el enemigo.
5. Me caí ... caballo, pero no me hice daño.
6. Un amigo mío se cayó ... lo alto de una torre y se mató.
7. Este año mi cumpleaños cae ... jueves.
8. ¿Qué hora es? – Están ... caer las cinco.
9. Ambos contendientes cayeron ... suelo: el uno cayó ... cabeza, el otro, ... espaldas.
10. En el lenguaje familiar decimos que una persona se cae ... buena, para significar que es muy buena; también decimos que se cae ... risa, que se cae ... miedo.
11. Claro que se cayó ... todo el equipo.
12. ¿La Plaza de los Cornudos? ¿Y ... dónde cae eso?

178. Ejercicios sobre el uso de los modos del verbo

Colocar el verbo entre paréntesis en la forma que pida el sentido de la frase:

A.
1. José quería que yo le (indicar) un buen peluquero.
2. Ayer (ir) [nosotros] a escuchar un concierto.
3. Si [yo] (ser) Vd., no haría esto.
4. No le gusta a ella que la (llamar) Vd. por teléfono.
5. María se marchará así que Vd. (terminar) el trabajo.
6. No dudo que (ganar) [tú] el concurso.
7. El jefe me dijo que era probable que Vd. (colaborar) en este proyecto.
8. Aunque ahora (llover) tengo que salir.
9. Es probable que Vds. no se (haber) dado cuenta de lo que (occurrir) anoche.
10. No conozco a nadie que (cantar) tan bien como José.

B.
1. Me ocuparé de que nada (alterar) nuestros planes.
2. No creo que (helar) esta noche.
3. Yo le recomiendo que no (decir) nada a su mujer.
4. Vds. no se extrañarán, señores, que (aprovechar) esta oportunidad para ceder a otros el monopolio de la palabra que (ejercer) ya demasiado tiempo.
5. Cuando (hacer, *pasado*) esto, (encomendar) a Dios su cuerpo y su alma y le (pedir) su ayuda.
6. Pepe (pasarse, *pasado*) las noches jugando a las cartas en tabernas.
7. (Ser, *pasado*) en diciembre. Sobre el lago (soplar) un viento frío. De pronto (surgir) una barca pequeña, cargada de tierra.
8. Juan (ser) un hombre rico que (realizar, *pasado*) casi todas las ilusiones de su juventud.
9. La Comisión (reunirse) por primera vez en 1959 en Addis Abeba, donde (tener) su sede por aquel entonces.
10. Yo no sé nada, (decir, *pasado*) la niña, pero aunque (saber) algo, no diría nada.

C.
1. Desearía que Vd. (conocer) a mi profesor.
2. Le rogué que me (dar) su libro de español.
3. Me pidieron que les (decir) donde estaba la Calle Mayor.
4. Siento que Vd. no (leer) los periódicos de esta mañana.

5. Si (poder), (hacer) un gran viaje por Africa *(pasado)*.
6. Cuando (venir, *futuro*) te daré lo que te (prometer).
7. Granada (ser,) la última morada de los monarcas moros, donde (ejercer) su dominio sobre lo que ellos (considerar) un paraíso terrestre y del que (hacer) el último baluarte de su imperio en España.
8. Juan no (venir) mañana a buscar a Luis, porque [él] (salir) de viaje.
9. Si no (ser) por tu ayuda, nosotros no (llegar) nunca *(pasado)*.
10. Cuando [yo] (salir) de casa temprano, (ir) al Instituto a pie.

179. Ejercicios sobre el verbo «poner»

Suplir los puntos con las preposiciones convenientes:

1. La criada ha puesto la ropa ... el armario.
2. El ladrón puso pies ... polvorosa.
3. El defensor puso ... su parte cuanto pudo para salvar al reo.
4. Pongo ... duda lo que me dices.
5. Cuando le presentaron la cuenta, puso el grito ... el cielo.
6. Tan pronto como pueda, pondré ... práctica lo que te prometí.
7. Hemos puesto ... venta la casa porque necesitamos dinero.
8. El juez puso ... manifiesto la inocencia del acusado.
9. La madre puso ... vuelta y media a su hija por haber llegado tan tarde a casa.
10. Todo el pueblo se puso ... rodillas ante su venerada Patrona.
11. El viejo se ponía ... mal humor cuando le contradecían.
12. Me cuesta mucho trabajo ponerme ... escribir.
13. En menos de tres días me puse ... corriente ... todo lo relacionado con mi nuevo empleo.
14. Necesito poner ... orden mis papeles.
15. Ambos adversarios se pusieron ... guardia.

180. Ejercicios de vocabulario

Búsquese el nombre abstracto correspondiente a cada uno de los adjetivos siguientes:

santo (santidad)	humilde	bueno
malo	hábil	denso
claro	oscuro	formal
célebre	dócil	sabio
pobre	parco	nuevo

tibio	limpio	fuerte
cierto	noble	perezoso
generoso	gentil	rico
delicado	fino	áspero
transparente	diestro	entero

181. Sobre el uso de verbos y preposiciones

Expresar los verbos entre paréntesis en la forma adecuada y suplir los puntos con la preposición que convenga:

1. La Real Academia Española (ser fundada) ... 1713. La docta corporación (constar) ... 36 académicos ... número y 24 correspondientes españoles.
2. Cuando (llegar) ... la finca de mi tío, éste (poner, *futuro*) ... mi disposición un caballo muy hermoso.
3. Cristóbal Colón (salir) ... puerto de Palos el 12 ... agosto ... 1492.
4. Carlos V (abdicar) ... favor ... su hijo Felipe II ... 1556 y (retirarse) ... monasterio ... Yuste.
5. El portero ... hotel (dormir) ... su sillón cuando (sonar) el teléfono.
6. Este año no (llover) mucho.
7. La semana pasada [yo] (ir) ... cazar.
8. Ayer no (hacer) mucho sol.
9. ¿Qué (hacer) Vds. esta mañana? *(Tiempo del pasado)*
10. ¿[Vd.] (estar) ya ... Italia? *(Tiempo del pasado)*
11. Tan pronto como [yo] (terminar, *tiempo del pasado*) mi trabajo, (ir) ... ver ... jefe.
12. En seguida que [yo] (llegar, *futuro*) ... laboratorio, te (llamar) ... teléfono.
13. Aníbal (franquear) los Pirineos y los Alpes, (bajar) ... la llanura del Po, y (presentar) batalla ... los romanos ... Cannas.
14. Hernán Cortés (conquistar) ... Méjico ... 1521.
15. Cuando [tú] (volver, *futuro*) del campo, [nosotros] (ir) ... ver ... tu tío.

182. Ejercicios de vocabulario

Dígase cómo se llama un lugar plantado de:

| Hayas (hayedo) | juncos | álamos |
| pinos | sauces | manzanos |

encinas	robles	avellanos
cañas	castaños	nogales
rosales	cañas de azúcar	viñas
plátanos	patatas	olivos

183. Ejercicios sobre los tiempos del verbo

Establecer la debida concordancia de los verbos que van entre paréntesis:

1. Este político ha triunfado en las elecciones; pues yo no lo (creer).
2. El otro día (tener) un accidente muy peligroso. Por poco me (matar).
3. Te aconsejo que no (seguir) así.
4. Mi abuelo (estar) en la capital cuando (estallar) la guerra civil.
5. El Código civil alemán (promulgarse) el 1° de enero de 1900.
6. (Ser) una noche oscura. La luna casi no (salir) detrás de las nubes. De pronto se (oir) un grito.
7. ¿A qué hora (levantarse) Vd. esta mañana?
8. [Yo] nunca (creer) sus mentiras.
9. [Yo] no (volver) nunca más a hacer esto.
10. Cuando [yo] (saber) la noticia, [yo] (llamar) a mi padre.
11. Pero, ¿qué (creerse; *pres.*) tú?
12. Si [nosotros] (salir) a cuerpo, menudo catarro (coger).

184. Ejercicios de vocabulario

Dígase el nombre de la persona cuya profesión, ocupación o afición tiene por objeto:

la medicina (médico)	la teoría	la poesía
la caza	la polémica	la fábula
la abogacía	los dientes	la moral
la historia	los jardines	la economía
la literatura	los toros	la fotografía
la escultura	la guerra	la pesca
la novela	la música	la propaganda
la cirugía	la enseñanza	los ojos
la teología	la arquitectura	los deportes
la magia	la pintura	los viajes

185. Ejercicios sobre las preposiciones

Sustituir, en caso necesario, los puntos por la preposición conveniente:

1. La llave está ... la puerta.
2. Estoy enfadado ... tu hermano.
3. Este señor es doctor ... derecho.
4. No sé cómo se puede remediar ... esta situación.
5. Prefiero ... no decir nada.
6. Prefiero este vino al ... el otro día.
7. No me acuerdo ... él.
8. Hable Vd. ... toda franqueza.
9. Es el primero ... haber sospechado la verdad.
10. La policía sospecha ... este hombre.

186. Ejercicios sobre los gentilicios

A. *Dígase qué gentilicios corresponden a los siguientes nombres geográficos:*

1. Inglaterra (= inglés)	2. Austria
3. Zaragoza	4. Sevilla
5. Navarra	6. Granada
7. Valencia	8. Grecia
9. Hungría	10. Venezuela
11. Perú	12. Chile
13. Barcelona	14. Madrid
15. Francia	16. Polonia
17. Asia	18. Sajonia
19. Paraguay	20. Dalmacia
21. Salamanca	22. Mallorca
23. Europa	24. Méjico
25. Bolivia	26. Groenlandia
27. Siberia	28. Berbería
29. Andorra	30. Ucrania

B. *Dígase a qué nombres geográficos corresponden los siguientes adjetivos gentilicios:*

1. panameño	4. lombardo
2. burgalés	5. patagón
3. cartaginés	6. gerundense

7. donostiarra
8. genovés
9. cubano
10. chino
11. lapón

12. gallego
13. ovetense
14. gaditano
15. egipcio
16. flamenco

187. Ejercicios sobre los verbos de irregularidad común

Establecer la debida concordancia de los verbos que van entre paréntesis:

1. ¿Cuándo (acostarse) Vd.?
2. [Yo] no (negar) que tienes razón.
3. No creo que (helar) esta noche.
4. ¿Por qué no (arrendar) [vosotros] estos campos?
5. ¡No (perder) [tú] la confianza en tu porvenir!
6. Los gastos (ascender) ya a más de dos millones.
7. [Yo] no (entender) lo que (querer) decir esto.
8. [Yo] le (recomendar) que no (regar) el jardín a estas horas.
9. ¿Por qué no (dormir) los niños?
10. Mi hermana (soñar) con un millonario.
11. ¿Por qué no (jugar) [tú] una partidita de ajedrez conmigo?
12. Vd. no sabe lo que me (apretar) ese condenado zapato.

188. Ejercicios de vocabulario

Dígase el nombre con el cual se designa la dignidad, función, título o grado de:

Papa (papado)	decano	doctor
cardenal	duque	profesor
obispo	conde	rector
prelado	marqués	notario
prior	barón	secretario
sacerdote	califa	almirante
diácono	sultán	rey
pontífice	general	emperador
vicario	presidente	virrey
canónigo	ministro	príncipe
patriarca	abogado	embajador

189. Ejercicios sobre el verbo «específico»

Colocar en el lugar de los puntos el verbo adecuado, en la forma conveniente:

1. Esta mañana el servicio meteorológico ha ... el parte siguiente.
2. Hoy mi abuelo ... los 70 años.
3. Esa editorial ha ... un nuevo concurso literario.
4. Ayer se ... en la catedral un solemne oficio funeral.
5. Nuestro vecino ha ... un ataque de apoplejía.
6. El gobierno ha ... nuevas normas sobre los precios de la carne.
7. Hoy el mundo de las letras ... homenaje al anciano poeta e ilustre académico.
8. Esta mañana se han ... algunos incidentes en las elecciones.
9. No sé si el ministerio me ... el permiso de exportación.
10. Ayer el delegado español ... la palabra en la conferencia.
11. La ventana estaba abierta y los chicos ... un resfriado.
12. Esta noticia no me ... de sorpresa.

190. Ejercicios de vocabulario

Sustituir las palabras que van en cursiva por el adjetivo correspondiente:

1. una enfermedad *del corazón (cardíaca)*
2. los países *del norte de Europa*
3. las instalaciones *del puerto*
4. una úlcera *del estómago*
5. la industria *que confecciona tejidos*
6. el palacio *del duque*
7. un animal *que vive en el agua*
8. la vida *de los monjes*
9. los transportes *por mar*
10. el correo *que se manda por avión*
11. las decisiones *de los tribunales*
12. el descanso *del domingo*
13. la secreción *de los riñones*
14. un problema *que no tiene solución*
15. las armas *que ocasionan la muerte*

191. Ejercicios sobre verbos y preposiciones

Suplir los puntos por las palabras que requiere el sentido de la frase:

1. Cuenca ... situada ... una colina, separada ... la Serranía del mismo nombre ... una depresión, ... donde ... los ríos Júcar y Huécar. La ciudad ... con nueve puentes que ... curiosas perspectivas.
2. San Sebastián ... la ciudad veraniega más elegante de España. Situada ... una pequeña península, se ... hacia el Oeste, a lo largo ... la playa llamada La Concha.
3. Valladolid ... situada ... del Pisuerga. La ciudad ... digna ... ser visitada ... sus monumentos.
4. Sevilla ... emplazada ... un recodo del Guadalquivir, en medio ... una llanura. Su clima ... muy caluroso ... verano, pero ... muy agradable ... primavera y ... otoño.
5. La isla de Mallorca ... constituida ... una zona montañosa bastante elevada ... Norte, y ... una zona llana ... el centro y ... Sur.
6. Hasta el siglo X Madrid ... sólo un pueblo. Más tarde, los árabes ... de Madrid una fortaleza; ... los siglos XIV y XV la Corte empezó ... frecuentar la ciudad; Felipe II trasladó la Corte ... Madrid con carácter definitivo.
7. La ciudad ... Mérida fue fundada ... los romanos ... el año 25 a. J. C. Hoy ... un importante centro turístico ... poseer importantísimas ruinas romanas.
8. Valencia ... una ciudad alegre que ... un clima muy suave. Sus fiestas típicas ... las llamadas «Fallas». Estas consisten ... monumentos caricaturescos ... madera y cartón con los clásicos muñecos. La noche ... 19 de marzo, o sea el día ... San José, se queman las fallas.
9. La famosa huerta ... Murcia ... la más fértil ... España.
10. Málaga ... emplazada ... una hermosa bahía y rodeada ... un anfiteatro ... montañas. La ciudad ... famosa ... sus vinos dulces.

192. Ejercicios de vocabulario

A. *Formar verbos derivados de las siguientes palabras mediante la terminación «-izar»:*

cicatriz	simpatía	bautizo
(cicatrizar)	individuo	estilo
sátira	monopolio	garantía

síntesis	motor	independencia
profeta	martirio	órgano
suave	esquema	moral
alcohol	símbolo	nación
granizo	latín	español
hechizo	centro	cristiano

B. *Decir cómo se llama a la persona que realiza la acción de:*

gobernar (gobernador, gobernante)	barrer	inventar
predicar	dar	vigilar
conducir	proteger	editar
domar	blasfemar	cocinar
traducir	inspeccionar	confitar
fundir	suceder	seducir
fascinar	cantar	usurpar
salvar	vencer	curtir
leer	navegar	corromper
esculpir	luchar	bromear
prestar	difamar	defender
	destruir	elegir

C. *Expresar por un adjetivo terminado en «-voro» cómo se llama el animal que:*

se alimenta de carne (carnívoro)
se alimenta de hierba
se alimenta de insectos
se alimenta de granos
se alimenta de frutos
se alimenta de todo
se alimenta de peces

193. Ejercicios sobre el uso de las preposiciones

Suplir los puntos por la preposición que requiere el sentido de la frase:

1. Este hombre es muy afable ... su trato.
2. Los anarquistas son rebeldes ... toda autoridad.
3. Los soldados regresaron desprovistos ... lo más necesario.
4. Siéntese Vd. ... el sillón.

5. Ya puede Vd. sentarse ... la mesa.
6. Esta tarde vamos ... bicicleta.
7. ¿Qué hay ... nuevo?
8. Este señor es corto ... vista.
9. El capitán ha navegado ... todos los mares.
10. ¡Date prisa! Ya tocan ... misa.

194. Ejercicios sobre sinónimos

Explicar – con ejemplos – la diferencia entre las palabras siguientes:

1.	Poderoso	–	pudiente	–	potente
2.	disputa	–	contienda	–	riña
3.	temor	–	miedo	–	pavor
4.	animal	–	bestia	–	bruto
5.	rato	–	momento	–	instante
6.	don	–	regalo	–	dádiva
7.	rápido	–	presto	–	veloz
8.	culpa	–	delito	–	crimen
9.	maestro	–	profesor	–	catedrático
10.	enredo	–	trama	–	intriga

195. Ejercicios sobre verbos y preposiciones

Establecer la debida concordancia de los verbos que van entre paréntesis y suplir los puntos por las preposiciones que requiere el sentido de la frase:

1. Juanita *(ser, imperf.)* algo más alta ... lo corriente.
2. José (subir) apresuradamente ... su cuarto, (ponerse) la indumentaria ... caza y (salir) ... la finca corriendo.
3. La criada que (darse) toda la prisa posible, (echarse) ... llorar, y la señora (tener) que pedirle perdón para que (seguir) trabajando.
4. ¿(Fijarse) [tú] ayer ... la chica ... los ojos verdes?
5. Bajando la escalera, el ministro (notar) la tensión de sus nervios.
6. Voy ... salir ... caballo ... encuentro ... la diligencia.
7. El otro día el conde (ponerse) una bata y (salir) ... vestíbulo ... recibir ... sus invitados.
8. Pablo y Marta (casarse) muy jóvenes. Su matrimonio (ser) feliz y (tener) tres hijos. Pablo (morir) ... los 70 años, Marta le (seguir) ... los pocos meses.

9. Cuando [yo] (ir, *tiempo del pasado*) al colegio, no (hacer) ningún caso ... las chicas.
10. En este castillo [yo] (pasar) gran parte ... mi niñez.

196. Palabras que se confunden con frecuencia

Colocar en el lugar de los puntos la palabra que convenga:

1. el aya – el haya – La Haya:
   En ... murió ... de la princesa Carlota.
   La madera de ... es más fina que la de chopo.
2. varón – barón:
   El ... de Rocamora desheredó a su único hijo ... sin dar explicación alguna.
3. trasnochar – pernoctar – anochecer:
   Como ya había ..., invitamos a Manolo a ... en casa.
   El mucho ... no es bueno ni para la salud ni para el bolsillo.
4. notorio – notario:
   Era ... en toda la región que el ... había falsificado los documentos.
5. ilusión – alusión:
   Con gran ... esperaba el novelista la ... que el conferenciante le había prometido, con respecto a su último libro.
6. biografía – bibliografía:
   Entre la ... citada, echo de menos una ... de Galileo aparecida a principios de siglo en París.
7. evocar – invocar:
   Al ... las grandezas de Italia, el orador ... sucintamente las grandezas del Papado.
8. consumar – consumir:
   Después de ... la última botella de coñac, el encausado ... el crimen del que es acusado.
9. industrioso – industrial:
   Debido al carácter ... de sus habitantes, Cataluña se ha convertido en una de las regiones más ... de España.
10. el derecho – el Derecho:
    No hay ... a pisotear de esa forma el ...

197. Ejercicios sobre el uso del verbo «específico»

Colocar en el lugar de los puntos el verbo adecuado:

1. Los estudios superiores se ... en las facultades de la Universidad.
2. Vamos a ... un trago.
3. Me voy a ... una vuelta.
4. Tienes que ... las paces con él.
5. Tenemos que ... la enhorabuena al alcalde.
6. Se las ... de persona muy importante.
7. Hace mucho frío. Tienes que ...una bufanda.
8. Vd. tiene que ... el tren de las cinco.
9. ¿Cuándo quieres ... las entradas para el teatro?
10. Tengo que ... cuerda al reloj.

198. Ejercicios de vocabulario

Colocar en el lugar de los puntos la palabra que requiere el sentido de la frase:

1. La persona que no tiene voz es ...
2. El hombre que no cree en Dios es ...
3. Una enfermedad que no se puede curar es ...
4. Un hombre al que no se puede aguantar es ...
5. Un decreto que es contrario a la constitución es ...
6. Un médico que trata las enfermedades de los ojos es un ...
7. Un perro que busca en la caza las piezas por el rastro que dejan es un perro ...
8. La persona que habla varios idiomas es ...
9. Los que se levantan muy temprano son ...
10. El hombre que es dado a las mujeres es ...
11. Del hombre que manda o quiere mandar mas de lo que es preciso se dice que es ...
12. El que anda mucho o hace excursiones largas es ...
13. De la mujer que tiene el pelo rojo se dice que es ...
14. El objeto que tiene la punta aguda es ...
15. Las plantas de los prados se llaman también plantas ...

199. Cambios ortográficos en verbos y sustantivos

Indicar los cambios ortográficos que se han de efectuar:

1. el régimen (plural)
2. cruzar (1ª persona del pretérito indefinido)
3. cazar (3ª persona del presente de subjuntivo)
4. pecar (1ª persona sing. del pret. indefinido)
5. el carácter (plural)
6. distinguir (presente de subjuntivo)
7. delinquir (1ª persona del presente del indicativo)
8. alcanzar (presente de subjuntivo)
9. el cáliz (plural)
10. el pez (plural)
11. coger (presente de subjuntivo)
12. averiguar (presente de subjuntivo)
13. vencer (presente de subjuntivo)
14. esparcir (presente de subjuntivo)
15. castigar (1ª persona del pretérito indefinido)

200. Ejercicios sobre el régimen de verbos, adjetivos, etc.

Colocar en lugar de los puntos la preposición adecuada:

1. Nuestro contable no volvió ... aparecer.
2. Se puso loco ... alegría.
3. Nuestro pueblo es amante ... la paz.
4. Este hombre es muy duro ... corazón.
5. El catedrático es muy parco ... elogios.
6. Mi padre no repara ... gastos.
7. El marinero es moreno ... rostro.
8. Estoy harto ... tu lloriqueo.
9. Don Quijote era flaco ... carnes.
10. No soy muy ducho ... arte culinario.
11. Eso es muy difícil ... comprender.
12. Hay que ser indulgente ... los principiantes.
13. Estoy muy contento ... el resultado de los exámenes.
14. No me acuerdo ... él.
15. No te empeñes ... convencerle.

201. Ejercicios de vocabulario

Complétense las siguientes frases:

1. El agua que contiene sal se llama ...
2. Los animales que viven en el agua se llaman ...
3. Las aves que se alimentan de la carne de sus presas se llaman ...
4. El suelo que contiene oro se llama ...
5. La persona que tiene mucha hambre se dice que está ...
6. El objeto que no tiene punta se llama ...
7. La revista que se publica cada tres meses es ...
8. El animal que carece de rabo se dice que es ...
9. Las frutas que se cosechan antes de lo acostumbrado se llaman ...
10. Los animales que tienen cuatro patas se llaman ...
11. Las patatas que se recogen antes de la cosecha principal se llaman patatas ...
12. La revista que se publica dos veces al mes se llama ...
13. La persona que habla dos idiomas se dice que es ...
14. La persona que se instruye por sí misma se llama ...

202. Ejercicios sobre el adverbio

Explicar el significado de las siguientes locuciones adverbiales:

1. El cirujano hizo todo en un *abrir y cerrar de ojos*.
2. No he podido preparar mi discurso; tengo que hablar *a tontas y a locas*.
3. Lo has hecho *a sabiendas*.
4. No debemos hacer las cosas *a medias*.
5. Tenemos que andar (ir) *de puntillas* para no despertar al niño.
6. El niño anda *a gatas*.
7. El rey se rió *a carcajadas*.
8. Aquí no me encuentro *a mis anchas*.
9. ¡No obres *a ciegas*!
10. El prisionero hizo su trabajo *a regañadientes*.
11. El policía disparó contra el criminal *a quemarropa*.
12. Pasamos por el túnel *a tientas*.
13. Los enamorados se encontraron *a hurtadillas*.
14. Los chicos corrieron *a cual mejor*.
15. Los enemigos cabalgaron *a rienda suelta*.

203. Modismos

Explíquese el significado de las frases siguientes:

1. Emilio es buen chico, pero *no ha inventado la pólvora.*
2. Los campesinos suelen *acostarse con las gallinas.*
3. Este individuo me *saca de quicio.*
4. El policía cogió al ladrón *con las manos en la masa.*
5. No harás nada si *te quedas con los brazos cruzados.*
6. Nuestro joven asistente *se las da de muy importante;* le vamos a *cortar las alas.*
7. Basta ya de palabras, *vamos al grano.*
8. Las reformas de la casa nos van a *dar mucha guerra.*
9. Tu jefe es muy ingenuo; hemos de *abrirle los ojos* sobre la situación.
10. Todo esto está muy confuso; vamos a *poner las cosas en su punto.*
11. Ya le diré yo *cuántas son cinco.*
12. Su padre lo *puso de vuelta y media.*

204. Ejercicios sobre el uso del verbo «específico»

Colocar en lugar de los puntos el verbo adecuado:

1. El equipo francés de natación ha ... un nuevo «record» mundial (o: una nueva marca mundial).
2. Se ha portado muy mal; le ... pues con la misma moneda.
3. Es inútil ... lágrimas de cocodrilo.
4. El padre ... una paliza a su hijo *(pret. indef.).*
5. Nos ha engañado; pues le vamos a ... una lección.
6. Esta noticia no me ... sorpresa.
7. Por fin, los dos comerciantes se ... de acuerdo *(pasado compuesto).*
8. El cónsul ... una recepción en el consulado.
9. Voy a ... el texto en limpio.
10. Estos sinvergüenzas me han ... el pelo *(popular).*
11. Estas cosas han ... en desuso.
12. ... la casualidad que conozco a tu jefe.
13. Espero que [él] no ... en la tentación.
14. Voy a ... cuerda al reloj.
15. El soldado ... *(pret. indef.)* miedo y se escondió.

205. Ejercicios de vocabulario

Complétese con las palabras apropiadas:

A.
La reunión o conjunto de diez unidades se denomina (decena)

de doce   de quince
de veinte   de treinta
de cuarenta   de cincuenta
de cien   de mil
de dos   de tres

B.
un soporte de tres pies se llama ...
una palabra de dos sílabas
una palabra de varias sílabas
un águila de dos cabezas
un peso de diez gramos
una medida (capacidad) de cien litros
una medida (longitud) de mil metros
la décima parte del gramo
la centésima parte del metro
la milésima parte del metro
un polígono de tres lados
un polígono de cuatro lados
un polígono de cinco lados

206. Ejercicios sobre los verbos de irregularidad propia

Establecer la debida concordancia de los verbos que van entre paréntesis:

1. Te (dar) una bofetada si no te (estar) quieto.
2. Ayer [yo] (salir) de casa y (dar) un paseo por la ciudad. (Andar) mucho tiempo sin saber adónde (ir).
3. No (poder) más; me (caer) de sueño.
4. [Yo] (saber) perfectamente lo que [tú] (querer), pero no (poder) dártelo.
5. El sol (salir) por el Este y (ponerse) por el Oeste.
6. Aunque [yo] no (poner) en duda lo que Vd. me (decir), (parecerme) que (exagerar) un poco.
7. El coche (ser) muy pequeño. No (caber) más que dos personas.

8. [Tú] (poder) creer lo que te [yo] (decir). No te (caber) la menor duda sobre el particular.

9. Cuando [yo] le (dar) la noticia no (caber) en sí de gozo.

10. [Yo] te (decir) muchas veces que (tener) que trabajar con más interés.

207. Modismos corrientes

Explíquense los modismos que van en cursiva:

1. ¿Sigues *echando flores* a Luisita?
2. Me ha *dado calabazas*.
3. Le han *tomado el pelo*.
4. *Estoy hasta la coronilla* de este asunto tan complicado.
5. Este problema *se las trae*.
6. *Se las echa* de muy valiente.
7. Yo *tengo buenas espaldas*.
8. Este hombre *me pone negro*.
9. Juan me ha *dado un sablazo*.
10. Esto *me trae sin cuidado*.
11. A mí no *me la pega* ése.
12. ¿Has perdido la cartera? Pues *vamos dados*.

208. Lenguaje familiar y popular

Explicar – por otros del mismo sentido – las siguientes frases y modismos que, sin ser vulgares o triviales, forman parte del lenguaje familiar y popular:

1. ¡Váyase Vd. a la porra!
2. (No) me importa un pepino.
3. Lo mandé a paseo.
4. A este señor le gusta empinar el codo.
5. Vamos a echar un trago.
6. Este dinero me viene de perilla.
7. Estoy hecho polvo.
8. Vives en el quinto infierno.
9. Este tío me trae frito.
10. ¡No me vengas con cuentos chinos!
11. Soy una regadera.
12. Ya son horas de poner el completo.

209. Ejercicios sobre el verbo «específico»

Suplir los puntos con el verbo que convenga en la forma correspondiente:

1. Voy a ... una ojeada al periódico.
2. El chófer no pudo ... el accidente.
3. Juan debe ... en su casa.
4. Juan debe de ... estudiando en su casa.
5. El Ebro ... en el Mediterráneo.
6. El Gobierno ha ... un llamamiento al pueblo.
7. Me gustaría ... una temporada en Mallorca.
8. El tribunal ha ... dos sentencias de muerte.
9. La lluvia ... los campos.
10. Los americanos han ... nuevo presidente.
11. La policía consiguió ... al ladrón.
12. Lo mejor será ... un velo sobre el pasado.
13. Todavía no he conseguido ... a las costumbres del país.
14. Los traidores intentaron ... al enemigo.
15. Yo también quiero ... en el negocio.

210. Ejercicios de estilo

Sustituir las siguientes palabras por otras más literarias o más poéticas:

1. ir a caballo
2. el entierro
3. el caballo
4. el discurso
5. el parto
6. morir
7. la cara
8. regalar
9. la comida (oficial)
10. el poeta
11. el mal tiempo
12. el fallecido
13. la casualidad
14. la flor de naranjo
15. lo guerrero
16. el baile

211. Ejercicios de vocabulario

Completar las frases siguientes con la palabra apropiada:

1. Una carta que no lleva el nombre de su autor es ...
2. Un territorio que se administra a sí mismo es ...
3. Lo que es contrario a la ley es ...

4. Quien mata a su padre o a su madre es un ...
5. Una zona donde se cultivan hortalizas es una zona ...
6. La vaca que da leche es una vaca ...
7. El trabajo que se hace con las manos es un trabajo ...
8. El señor que tiene ochenta años es un ...
9. El primero de los hijos habidos en un matrimonio es el ...
10. El animal que se alimenta de carne es ...
11. El terreno que no produce fruto es ...
12. El individuo que no le gusta trabajar es ...

212. Ejercicio sobre el verbo «pasar»

Suplir los puntos con las preposiciones convenientes:

1. Todos los días paso ... la misma calle.
2. Aquello que pasó ... nosotros no tiene importancia.
3. Los rebeldes fueron pasados ... las armas.
4. El cacique mandó pasar ... cuchillo a todos los prisioneros.
5. Y ahora, señores, pasemos ... otro asunto.
6. No puedo pasar ... alto las cosas que ella me dijo.
7. Lo mejor será que pasemos ... silencio su proceder desleal.
8. Ayer pasaste ... largo por mi casa.
9. Muchos pasan ... buenos y no lo son.
10. Carlos V pasó muchas veces ... España ... Alemania e Italia.
11. Me parece que tu amigo se pasa ... raya.
12. O, mejor dicho, creo que se pasa ... listo.
13. Podemos pasarnos ... coche esta temporada.
14. Pásate mañana ... mi casa y te contaré lo ocurrido.
15. Los traidores se pasaron con armas y bagajes ... enemigo.

213. Ejercicios de vocabulario

Cómo se llaman los siguientes animales cuando son (muy) pequeños:

1. la gallina (polluelo)   6. el lobo
2. el caballo   7. el perro
3. la vaca   8. la oveja
4. la liebre   9. la cabra
5. el cerdo   10. la paloma

214. Sobre el uso de las preposiciones

Colocar la preposición que pida el sentido de la frase:

1. Mañana mi hermano se examina ... francés.
2. Aquella nota está escrita ... inglés.
3. El pobre iba ... el mundo mendigando su sustento.
4. La ciudad ... Solsona se encuentra ... 114 kilómetros ... Lérida y 676 metros ... el nivel ... mar.
5. El pan se elabora ... harina ... trigo o ... centeno.
6. El cruzado quería purgarse ... sus culpas ... un hecho ... armas.
7. Esta lección es muy fácil ... aprender.
8. ¿Ves la casa ... tejado gris?
9. El agua se sale ... cubo.
10. Ya puede Vd. sentarse ... la mesa.
11. Bueno, pongamos ... caso que estuviera en Madrid.
12. Hazte ... un lado.

215. Ejercicios de vocabulario

Defínanse las siguientes expresiones:

1. el aburguesamiento
2. cuneiforme
3. la hidrofobia
4. la pediatría
5. germanófilo
6. el apátrida
7. la quiromancia
8. el arabista
9. gástrico
10. intrínseco

216. Modismos

Explíquese el significado de las siguientes expresiones:

1. Todo ocurrió *en un abrir y cerrar de ojos.*
2. Esta mujer *tiene lengua de víbora.*
3. En toda la noche *no he pegado un ojo.*
4. Se quedó *con la boca abierta.*
5. Piensa un poco en tu familia, no puedes *vivir al día.*
6. ¡No *pierdas los estribos!*
7. He leído el libro *de cabo a rabo.*
8. La noticia de su traición *cayó como una bomba.*
9. Tu adversario no cede; pues hemos de *enseñarle los dientes.*
10. *Se quedó a la luna de Valencia.*

217. Ejercicios de vocabulario

Completar las siguientes frases con el término apropiado:

1. El que toca el violín es un ...
2. El que toca la guitarra es un ...
3. El que toca el piano es un ...
4. El que toca el arpa es un ...
5. El que toca el contrabajo es un ...
6. El que toca la trompeta es un ...
7. La persona que vende flores es un(a) ...
8. El que tiene por oficio trabajar y labrar la madera es un ...
9. El que trabaja en ébano y otras maderas finas se llama ...
10. El que reparte las cartas del correo se llama ...

218. Ejercicios de vocabulario

Calificativos antónimos:

feliz (infeliz)	legal	cierto
apto	digno	adecuado
legible	mortal	confiado
cómodo	móvil	paciente
lógico	conocido	sano
lícito	correcto	capaz
religioso	discreto	regular
sociable	dichoso	oportuno
perfecto	contento	propio
moderado	obediente	aplicado
homogéneo	simpático	animado
decente	prudente	limpio

219. Ejercicios sobre los verbos

Expresar las frases siguientes en primera persona del singular:
(Ejemplo: Comemos muy tarde – como muy tarde)

1. Queremos trabajar mucho este año.
2. No podemos hacer nada.
3. Empezamos a comprender lo ocurrido.

4. Preferimos el vino a la cerveza.
5. Encontramos la película muy aburrida.
6. Nos vamos al campo.
7. Hacemos la traducción en seguida.
8. Ponemos la mesa.
9. Decimos la verdad.
10. No cabemos en esta habitación tan pequeña.

220. Ejercicios de vocabulario

A. *Dígase qué verbo corresponde a los siguientes sustantivos:*
(Ejemplo: herrero – herrar)

el encuadernador	el dictado
la sierra	la lectura
la cocinera	la digestión
el copista	el análisis
la sirvienta	la flor
el sueño	la sal
el sonido	el baño
el amor	el riego
el tesoro	la lluvia
la falta	el trueno
la cerradura	la nieve

B. *Dígase qué adjetivo corresponde a los siguientes sustantivos:*
(Ejemplo: la crueldad – cruel)

el ángel	la mentira
el diablo	la paciencia
Dios	la astucia
la iglesia	la cirugía
la inocencia	la ciencia
la culpa	la ternura
el vello	la dulzura
la barba	la destreza
la envidia	la bondad
la castidad	el honor

221. Cambios ortográficos en verbos y sustantivos

A. *Fórmese el plural de los sustantivos siguientes, indicando los cambios ortográficos necesarios:*

la voz   el régimen

la cruz   la nación

la luz   el cañón

la perdiz   la joven

el carácter   el carbón

B. *Pónganse los verbos que van en infinitivo en la forma que requiere el contexto, indicando los cambios ortográficos:*

1. ¡No (pagar) [tú] la cuenta!
2. ¡No le (juzgar) Vd. por las apariencias!
3. ¡No (zurcir) [tú] ya esos calcetines!
4. ¡(Coger) Vd. un plátano!
5. ¡No me (tocar) [vosotros]!
6. (Sacar) [Vd.] los billetes cuanto antes.
7. ¡No (transigir) [tú]!
8. Al que le (picar) que se (rascar) *(Dicho popular)*.
9. ¡No (empezar) [tú] otra vez!
10. ¡(Colocarme) Vd. eso ahí!

222. Fraseología y modismos

Comentar el significado de las siguientes expresiones y modismos:

1. Mi amigo Pedro y yo *abundamos en las mismas ideas*.
2. Parece que esa familia *ha echado raíces* en ese país.
3. En realidad es un muchacho, pero ya *se las echa de hombre*.
4. Estaba tan enfadado aquel día que lo *eché todo a rodar*.
5. El asunto está *tan claro como el agua*.
6. No tuve más remedio que *aflojar la mosca*.
7. Mi amigo está *con el agua al cuello*.
8. Al vecino de mi casa le gusta mucho *empinar el codo*.
9. Estoy *perdidamente enamorado* de esa muchacha.
10. En nuestro viaje hacia América *hicimos escala* en las Islas Canarias.

11. El pobre mendigo acabó por *entregarla*, olvidado y abandonado de todos.
12. Antonio fue siempre *esclavo de su palabra*.
13. Hoy *ponen en escena* una obra de Lope de Vega.
14. *Me da mala espina* todo eso que me dices.
15. No me preocupa este asunto, porque *tengo las espaldas bien guardadas*.

223. Modismos

Explicar las locuciones siguientes:
1. No le quedó más remedio que *agachar las orejas* y marcharse.
2. Me parece que nos conviene *mudar de aires*.
3. Ya es hora de que *ahuequemos el ala*.
4. La calle estaba desierta, *no se veía un alma*.
5. Rosalía era un *alma de Dios*.
6. En la corrida de esta tarde *tomará la alternativa* el diestro Frasquito III.
7. Antes de decidirte, te conviene *consultar con la almohada*.
8. Desde luego, yo *no me caso con nadie*.
9. Se pasaba el día *haciendo castillos en el aire*.
10. Me parece que nuestro amigo Felipe *no está hoy muy católico*.
11. Quiero cortarme el pelo *al cero*.
12. Ese muchacho *es un cero a la izquierda*.
13. Se levantaba todos los días *al canto del gallo*.
14. Hacía tiempo que nuestro amigo *iba de capa caída*.
15. Como de costumbre, y por demasiado confiado, tuve que *cargar con el mochuelo (o: con el paquete)*.

224. Ejercicios sobre los numerales

Transformar los numerales cardinales siguientes en numerales ordinales:

dos (segundo)	cien	mil
uno	nueve	cinco
diez	cuarenta	treinta
veinte	seis	ocho
sesenta	siete	quince
tres	doce	millón
once	noventa	quinientos

225. Ejercicios de vocabulario

Escríbanse los verbos de significación contraria a los siguientes:

1. construir (destruir)	8. sobrar	15. acordarse
2. hablar	9. esparcir	16. callar
3. trabajar	10. aguantar	17. querer
4. enriquecerse	11. propugnar	18. dar
5. saber	12. anteponer	19. apreciar
6. valorar	13. persuadir	20. ocultar
7. cubrir	14. avanzar	

226. Ejercicios varios

Suplir los puntos con las palabras que exige el sentido de la frase:

1. España es ... grande ... Portugal.
2. Mi hermana tiene más ... veinte libros.
3. Juan es ... alto ... Carlos.
4. Pedro es el alumno ... trabajador ... la clase.
5. Mi coche es tan nuevo ... el tuyo.
6. Tu amigo no dice más ... disparates.
7. ¡Qué cosa ... bonita!
8. Este sombrero no es tan caro ... el otro.
9. El Mulhacén es el pico ... alto de la España peninsular.
10. Aquel sitio es el mejor ... todos.
11. Este vino es mejor ... el del otro día.
12. Berlín es la ciudad ... grande ... Alemania.
13. Esta casa vale más ... un millón.
14. Es más ... raro, es antipático.
15. Esto es más difícil ... lo que se cree.

227. Ejercicios sobre los numerales

Léanse los siguientes numerales:

En 1923; de 1618 a 1648; 123,47; $2\frac{1}{3}$; $3\frac{3}{4}$; 125,31; $2 + 2 = 4$; $3 \times 3 = 9$; $5 - 2 = 3$; $10 : 2 = 5$; $25 - 15 = 10$; $4 + 3 = 7$; $^3/_{18}$; $^2/_{23}$; $1,417\%$; 1.413.282; 45.271; 66.666; 24.500,45; 35.477, 381; 44.137; 464.147; 1.143.819; 23.045; 1.000.008.

228. Ejercicios sobre las preposiciones

Sustituir, en caso necesario, los puntos por la preposición adecuada:

1. Después ... cenar, los niños se precipitan ... abrir la televisión.
2. Nuestro viaje termina ... Sevilla.
3. ¿Cuándo llegaremos ... Madrid?
4. Los dos exploradores penetraron ... la selva virgen.
5. La necesidad ... una protección ... la llamada clase media es evidente.
6. Defienda sus ropas ... la polilla.
7. De cuando en cuando resulta útil ... pasar revista ... los problemas económicos ... nuestro país.
8. Trataremos ... hallar una solución equitativa ... este problema.
9. El ponente dio lectura ... informe de la comisión.
10. Es difícil ... calcular la edad ... este señor.
11. Su edad es difícil ... calcular.
12. Me han invitado ... comer.
13. Este problema no es fácil ... resolver.
14. No todos pueden acabar ... sus faltas.
15. Fui a París ... coche pasando ... Estrasburgo.

229. Palabras que se confunden con frecuencia

Colocar en el lugar de los puntos el vocablo pertinente:

1. pez – pescado:
   Con el ... que me regalaste ayer, y que tú mismo habías pescado en el río, hizo mi mujer una sopa de ... que estaba riquísima.
2. la latitud – la altitud:
   La ... de la Meseta castellana explica su clima riguroso, que ciertamente no corresponde a su ... geográfica.
3. el plan – el plano:
   El arquitecto expuso sus ... para modificar los ..., por parecerle éstos irrealizables.
4. grabar – gravar – agravar:
   El problema se ..., porque el gobernador ... a la «Casa Ondas» con una fuerte multa, por haber ... varios discos clandestinamente.
5. sebo – cebo – cepo:
   Paco colocó un pedazo de ... en el ..., como ... para cazar gorriones.

230. Ejercicios sobre los gentilicios

A. *Expresar el gentilicio correspondiente a cada uno de los nombres geográficos siguientes:*

1. Pakistán
2. Bulgaria
3. Brasil
4. Cerdeña
5. Chipre
6. Venecia
7. Oviedo
8. Huesca
9. Huelva
10. Burgos
11. Ecuador
12. Escocia
13. Servia
14. Manchuria
15. Corea
16. Gran Bretaña
17. Persia
18. Cuenca
19. Provenza
20. Siria
21. Vascongadas
22. Munich
23. Marsella
24. Jerez
25. Florencia
26. Anam
27. Siam
28. Australia
29. Silesia
30. Colombia

B. *Dígase qué nombres geográficos corresponden a los siguientes adjetivos gentilicios:*

1. oscense
2. maragato
3. uruguayo
4. estadounidense
5. salvadoreño
6. tirolés
7. numantino
8. complutense
9. israelí
10. tunecino
11. afgano
12. alsaciano
13. irlandés
14. islandés
15. ginebrino
16. iraquí

231. Equivalencia del potencial simple y del pretérito imperfecto de subjuntivo

Sustitúyanse unas formas por otras según convenga:

1. No creí que me pediría (pidiera, pidiese) dinero.
2. No imaginé nunca que llegáramos (o: llegásemos) a ponernos de acuerdo.
3. No pensé que vendría Vd. tan pronto.

4. No imaginaba que saldría tan bien del apuro.
5. No avisó que estaría de viaje.
6. Nunca supuse que llegarais (o: llegaseis) a entenderos.
7. Temí que no llegaras (o: llegases) a tiempo para la comida.
8. No dudé nunca de que volviéramos (o: volviésemos) a encontrarnos.
9. No juzgué que esto pudiera (o: pudiese) perjudicarte.
10. No sabía que esto te interesara (o: interesase).

232. Ejercicios de vocabulario

Formar verbos derivados de los siguientes adjetivos:

suave (suavizar)	profundo	agudo
normal	ideal	estéril
inmortal	espiritual	rival
humano	útil	moderno
puntual	cristiano	real
fértil	ameno	mecánico
tranquilo	civil	sutil
volátil	divino	galante

233. Ejercicios sobre los verbos

Establecer la debida concordancia de los verbos que van entre paréntesis:

1. Cuando el ladrón (ver) al policía, (echar) a correr.
2. Cuando [tú] (recibir) esta carta, ya estaré en América.
3. ¿Por qué (mentir) el criado el otro día?
4. Cuando le dije esto, la muchacha (ponerse) colorada.
5. ¡(Servirse) Vd. primero!
6. Estas tijeras no (servir).
7. Muchas veces las esperanzas (mentir).
8. El otro día me operaron, pero no (sentir) nada.
9. Yo (sentirse) completamente feliz.
10. En la campaña de Rusia, muchos soldados de Napoleón (morirse) de frío.

234. Palabras que se confunden con frecuencia

Colocar en el lugar de los puntos la palabra que venga al caso:

1. el viajero – el viajante:
   Entre los ... que descendieron del autobús uno era ... de «Industrias Leonesas».
2. expresar – exprimir:
   a) El conferenciante no se ... con la claridad exigida por la dificultad del tema.
   b) Los limones no se han de ... demasiado, si se quiere obtener un zumo de primera calidad.
3. el uso – el huso
   Poco a poco va desapareciendo el ... de hilar la lana con el ...
4. la celda – la célula – la cédula
   En la ... de la prisión municipal fueron encontradas varias ..., mediante las cuales se comunicaban clandestinamente los miembros de una ... antigubernamental.
5. en principio – en un principio:
   El policía creyó ... que el maleante se oponía ... a las leyes del tráfico, pero luego vio que lo hacía por estar bebido.

235. Ejercicios varios

Establecer la concordancia debida de los verbos que van entre paréntesis y suplir los puntos con la preposición que convenga, en caso necesario:

1. [Yo] (preferir) que [vosotros] no (hablar) ... política.
2. En la clase de ayer un estudiante (contradecir) ... la opinión de su profesor.
3. El santo (resistir) ... las tentaciones.
4. El tiempo (cambiar) desde ayer.
5. Anoche, la famosa actriz (vestir) un traje ... seda negra.
6. No (abusar) Vd. ... mi paciencia.
7. Aquí [nosotros] (carecer) ... lo más necesario.
8. ¿Por qué [tú] (reirse) ... este desgraciado?
9. ¡(Acordarse) [Vd.] ... lo prometido!
10. ¡(Colgar) [tú] el cuadro ... la pared!
11. Se empeña ... salir ... paso, poniéndonos ... patitas ... la calle sin más ni más.
12. El chico se ha propuesto ... trabajar ... firme ... aprobar ... setiembre.

236. Equivalencia del futuro imperfecto de indicativo y el presente de subjuntivo

Sustitúyanse los modos según convenga:

1. Espero que me digas la verdad (me dirás).
2. Confía que le den el permiso.
3. Es de temer que llueva antes de mañana.
4. Temo que nos quedemos sin dinero.
5. Es de esperar que la situación mejore.
6. Es de suponer que esta medicina le calmará el dolor.
7. Tengo la esperanza de que todo saldrá bien.
8. El reo pretende que le harán justicia.
9. No dudo de que volveremos a vernos.
10. No estoy seguro de que llegaremos a un acuerdo.

237. Ejercicios varios

Establecer la concordancia debida de los verbos que van entre paréntesis y suplir los puntos con la palabra que convenga:

1. El tiempo ... borra todo.
2. Se ... ha comido todo.
3. Cuando el pobre (ver) ... los guardias, [él] (asustarse) aunque (tener) la conciencia tranquila *(tiempo del pasado)*.
4. Yo no permitiré nunca que [tú] (hacer) esto.
5. ¡Repetir [tú] ... que acabas ... decir!
6. Es difícil que [tú] (encontrar) ... criado que (saber) hacer todo ... que tú (querer).
7. Es mejor que no le (decir) nada.
8. Me extraña que yo no te (ver) esta mañana.
9. Es natural que Vd. no (aceptar) esta oferta.
10. Insistiré ... que este trabajo (terminarse) cuanto antes.
11. No (dejar) [Vd.] ... avisarme cuando (recibir) noticias.
12. No hay quien le (hacer) desistir ... tan descabellado proyecto.

238. Ejercicios de vocabulario

Por medio del sufijo «-cida», formar palabras que expresen cómo se llama:

la persona que mata a otra (homicida)

la que mata a un rey
la que mata a un tirano
la que mata a su padre
la que mata a su madre
la que mata a su hermano
la que mata a un niño
la que se mata a sí misma
la que manda matar u ocasiona la muerte de mucha gente
los que dieron muerte a Jesucristo
la sustancia que sirve para matar insectos
la que se emplea para destruir las bacterias

239. Acusativo con o sin «a»

Súplanse los puntos con la preposición «a», en caso necesario:

1. En 1918, la República de Weimar sustituyó ... Imperio Alemán.
2. La niña quiere mucho ... sus hermanos.
3. He comprado ... un perro.
4. ¿Conoce Vd. ... Málaga?
5. Los problemas que afectan ... la agricultura española son los que repercuten más hondamente en la vida económica del país.
6. En esta casa una campana suele llamar ... la familia al comedor.
7. Este jugador desplumó ... todos sus compañeros.
8. Aquí se despacha ... público por turno riguroso.
9. Tengo ... Carlos por un chico muy trabajador.
10. He contratado ... una nueva secretaria, y he despedido ... mi chófer.
11. Compadezco de todo corazón ... esa pobre familia.
12. Fue a castigar ... la moza, creyendo sin duda que ella era la ocasión de toda aquella armonía (Cervantes «Quijote»).
13. Más temen ... los historiadores que ... sus enemigos; más ... la pluma que ... acero. (Saavedra, «Empresa 15»)
14. La escuela de la guerra es la que forma ... los grandes capitanes. (Bello, «Gramática»)
15. Debemos combatir ... la soberbia en nosotros y ... la injusticia en los demás.

240. Ejercicios varios

A.

Establecer la concordancia debida de los verbos que van entre paréntesis y suplir los puntos con la preposición que convenga:

1. La aparición del automóvil ... los primeros años de nuestro siglo ha venido ... transformar todo el sistema ... transportes.
2. ... el castellano (coexistir) ... España varios idiomas y dialectos.
3. ¿... qué municipio (pertenecer) esta aldea?
4. Los reyes (soler) residir ... la capital ... su país.
5. La región castellano-leonesa (descender) gradualmente...norte...sur.
6. En la provincia ... Albacete (encontrase) un yacimiento ... azufre ... buena calidad.
7. Los dos campesinos (sentirse) perdidos ... la capital *(pasado)*.
8. Ayer el presidente (venir) ... nuestra ciudad.
9. La semana pasada mis dos hermanos (caer) enfermos.
10. [Yo] (temer) que (hacer) mal tiempo mañana.
11. [Nosotros] (andar; *pret.*) ... cabeza todo el día.
12. Ya no (haber) que cambiar ... tren ... la frontera.

B.

Comentar el significado de las expresiones del lenguaje familiar y vulgar que van en cursiva:

1. Hoy estás muy *despistado*.
2. Pepe está *chalado* por la hija del vecino.
3. Este viejo está *chocho*, un día de estos va a *diñarla*.
4. Nos fuimos a una *tasca* y volvimos a las dos de la madrugada con una *cogorza imponente*.
5. No salgo con estos *tíos* porque siempre quieren que [yo] *haga el primo*.
6. Esta *ninfa* es de *aúpa*.
7. Cuando vino la *poli*, el *gachó se largó*.
8. Manolo no quiere *soltar la pasta*.
9. ¿Quién es este *berzas*?
10. Eres un *caradura*.
11. Esto es una *gamberrada*.
12. Oye macho, yo *me meaba de risa*.

241. Ejercicios sobre los tiempos del pasado

Poner los verbos que van entre paréntesis en el tiempo del pasado que exige el sentido:

1. Ayer, cuando [yo] (salir) del colegio, (presenciar) un accidente terrible.
2. ¿Vd. (estar) ya en España? – Sí, el año pasado [yo] (estar) dos meses en Madrid.
3. Todavía [yo] no (leer) el libro porque ayer no (tener) tiempo.
4. Tan pronto como [yo] (escribir) la carta, la (llevar) al correo.
5. Italia (dar) al mundo grandes artistas; Grecia le (dar) filósofos inmortales.

242. Ejercicios varios

Establecer la concordancia debida de los verbos que van entre paréntesis y suplir los puntos con la preposición que convenga:

1. Te llamo para que (saber) lo que (ocurrir) esta mañana.
2. Procura hablar ... el director antes de que [él] (salir) de Madrid.
3. No (salir) Vd. ... casa antes de que [yo] (volver).
4. El territorio español está dividido ... provincias.
5. Para calcular esta cifra, tienes que dividir la suma ... todas las ganancias ... diez.
6. En nuestra región (encontrarse), sin que (explotarse), yacimientos de cobre.
7. ¡No (meterse) Vd. ... líos! *(popular)*.
8. Es muy posible que este nombre no te (decir) nada, en cambio, los hombres de mi generación (acordarse) ... gran escritor X.
9. Los efectos del viaje del rey (hacerse) patentes antes de que el ilustre viajero (llegar) ... la capital norteamericana *(pasado)*.
10. ... mi padre le (gustar) llegar ... tiempo ... todas partes.

243. Palabras que se confunden fácilmente

Sustituir los puntos por el vocablo correspondiente:

1. sima – cima:
   Las ... del Everest y demás montañas del Himalaya son el reverso de
   las ... del Pacífico.
2. costa – cuesta:
   Ya sé que te ... mucho subir la ... que conduce al faro, pero desde
   allí podrás ver un panorama maravilloso de la ... santanderina.
3. consejo – concejo:
   El ... municipal aprobó por unanimidad una proposición del ... de
   ministros.
4. la afección – la afectación – el afecto:
   Con gran ... hizo alardes de la ... que me profesa, y eso que yo no le
   tengo ... alguno.
   Por ... bien fundadas me di cuenta de que la ... era muy favorable.

244. Ejercicios sobre los verbos

Establecer la debida concordancia de los verbos que van entre paréntesis:

1. El 31 de diciembre de 1906 el nuevo gobierno español (conseguir)
   que las Cortes (aprobar) el presupuesto.
2. Carlomagno (morir) en 814.
3. Carlos Quinto (conceder) a Hernán Cortés el título de capitán
   general.
4. Lutero (verter) la Biblia al alemán.
5. A los veinte años el joven conde (meterse) fraile.
6. ¿Por qué [tú] (ponerse) tan pálido ayer?
7. Dile a la criada que (venir).
8. Ya se lo (decir) todo el otro día, pero él no me (hacer) caso.
9. ¿Por qué [tú] no (decir) la verdad el otro día.
10. ¡Que (divertirse) Vds.!
11. Cuando lo [él] (saber), me [él] (poner) un telegrama.
12. Después, todo (ser) coser y cantar.

245. Ejercicios varios

Establecer la concordancia debida de los verbos que van entre paréntesis y suplir los puntos con la palabra que convenga:

1. Esta empresa no (disponer) ... mucho capital.
2. [Nosotros] (acusar) recibo ... su carta del 23 de los corrientes.
3. [Yo] (insistir) ... que este trabajo (terminarse) cuanto antes.
4. ¿Qué (entenderse) exactamente ... existencialismo?
5. Espero que [nosotros] (llegar) ... tiempo ... la estación.
6. Mi mujer (preferir) montar ... caballo ... lo hombre.
7. Esta mujer es más alta ... lo corriente.
8. Primero [yo] (tener) que (familiarizarse) ... el nuevo ambiente.
9. Este trabajo se ... trae.
10. Aquí se despacha ... turno riguroso.
11. [Yo] no (pretender) que Vd. me (indemnizar).
12. Y encima, me (poner, *perf. comp.*) en ridículo el majadero ese.

246. Palabras que se confunden fácilmente

Completar con la palabra pertinente en cada caso las frases siguientes:

1. humano – humanista – humanitario:
   a) Luis Vives fue uno de los más grandes ...
   b) El director es muy ..., y no te exigirá imposibles.
   c) En el discurso se pusieron de relieve los fines ... de la institución benéfica.
2. de balde – en balde – el balde:
   a) Te empeñas ... por entrar al cine ...
   b) Julia llenó ... con arena de la playa.
3. oficial – oficioso – oficinesco:
   a) La noticia no es ..., sino meramente ..., pues me enteré de ella por un íntimo amigo del ministro.
   b) Esos métodos ... de resolver cuestiones tan serias me ponen loco.
4. dialectal – dialéctico:
   El abogado, pese a su acento ..., habla con un desparpajo y una fuerza ... que desconciertan.
5. la juerga – la jerga:
   En la ... que organizamos el sábado, salió a relucir una ... que no se encuentra ni en el Barrio Chino de Barcelona.

6. fruto – fruta:
   Cuando seas viejo, recogerás ... ... de tus trabajos actuales. ... ...
   contiene muchas vitaminas.
7. basto – vasto:
   Los ... bloques de granito fueron trabajados por los canteros antes
   de que sustentaran el ... edificio que se llama Escorial.
8. gesto – gesta:
   a) Con ... ... dio a entender que estaba disgustado.
   b) ... ... del Cid Campeador fueron cantadas en el Romancero.
9. patriota – patriotero; patriotismo – patriotería:
   Hay que ser ..., pero no ...; porque con nuestro ... honramos a
   nuestra patria, mientras que con nuestra ... la ridiculizamos.
10. puesto – puesta:
    Desde ... ... de mando es fácil ... ... en marcha de todo este tinglado.

247. Ejercicios varios

Establecer la concordancia debida de los verbos que van entre paréntesis y suplir los puntos con la preposición que convenga:

1. Darwin (recoger) los primeros materiales de su obra ... Sudamérica.
2. ... la Sierra Madre ... Cuba (nacer) varias ramificaciones.
3. Siete ciudades griegas (disputarse) el honor ... haber visto nacer ... Homero.
4. Las antiguas crónicas japonesas no (permitir) ... reconstruir la historia primitiva del país.
5. El ilustre químico francés Lavoisier (establecer) la química moderna ... la ley ... la conservación ... la materia.
6. No (empeñarse) Vd. en convencerle ... la necesidad ... las reformas.
7. Este traje te (sentar) muy bien.
8. ... tu enfermedad el baño no te (sentar) muy bien.
9. Ignacio de Loyola (combatir) ... gran energía la Reforma protestante.
10. El caballero (atravesar) ... su enemigo ... la espada.
11. En las ruinas ... Ampurias (encontrarse) vestigios ... varias civilizaciones anteriores ... la época cristiana.
12. Con tan groseras alusiones, el conferenciante (herir) muchas susceptibilidades, y (producirse) el escándalo número uno.

248. Ejercicios sobre los verbos

Establecer la debida concordancia de los verbos que van entre paréntesis:

1. En aquel año muchas personas (morir) de la peste.
2. ¡No (dormirse) Vd. sobre los laureles!
3. Ayer (llover) todo el día, pero hoy no (llover).
4. La semana pasada, el Gobierno (desmentir) las noticias sobre la dimisión del Presidente.
5. En 1713 (concluirse) la paz de Utrecht.
6. Después de la muerte de la reina, Fernando VI (recluirse) en su palacio, donde (morir) loco, un año más tarde.
7. Tras algunos años de lucha, Bolívar (conseguir) la independencia de Venezuela.
8. La invención de la imprenta (revolucionar) la producción literaria y científica, la cual (recibir) un fuerte empuje.
9. Francisco Jiménez de Cisneros (nacer) de humilde familia.
10. El descubrimiento de América (dar) un gran desarrollo a la cartografía.

249. Ejercicios sobre los gentilicios

A. *Expresar los gentilicios correspondientes a los siguientes nombres geográficos:*

1. Suiza	11. Argentina	21. India
2. Baviera	12. Castilla	22. Japón
3. Uruguay	13. Galicia	23. China
4. París	14. Málaga	24. Costa Rica
5. Italia	15. Aragón	25. Cataluña
6. Francia	16. Asturias	26. Navarra
7. Noruega	17. Andalucía	27. Cuba
8. Holanda	18. Canarias	28. California
9. Nicaragua	19. Baleares	29. Moscú
10. América	20. Prusia	30. Ceilán

B. *Dígase a qué nombres geográficos corresponden los siguientes adjetivos gentilicios:*

1. portugués	5. marroquí	9. croata	13. napolitano
2. checo	6. turco	10. vallisoletano	14. belga
3. renano	7. finlandés	11. portorriqueño	15. canario
4. árabe	8. rumano	12. extremeño	16. palmesano

250. Ejercicios sobre los tiempos del verbo

Establecer la debida concordancia de los verbos que van en cursiva:

1. Carlos XII, de Suecia, *tener* 12 años cuando *perder* la madre.
2. Cervantes *nacer* en 1547 y *morir* en 1616.
3. Colón *descubrir* América el mismo año en que los Reyes Católicos *conquistar* Granada.
4. Cuando Felipe II *enterarse* del desastre de la «Invencible», *exclamar:* Yo no *enviar* mi armada para luchar contra los elementos.
5. Napoleón *ser* un gran general; *estar* desterrado en la isla de Elba y *morir* en Santa Elena.
6. Hernán Cortés *mandar* quemar las naves, para que sus soldados no le *abandonar*.
7. El poeta Ercilla *escribir* la Araucana, donde *cantar* la conquista de Chile.
8. Dos veces por semana, el domingo y el jueves, *tener* que llevar a los niños de paseo. Este paseo *constituir* un suplicio para mí *(pasado)*.
9. Ayer *estar* en el cine y *ver* una película muy interesante.
10. Este año la cosecha *ser* buena porque *llover* lo suficiente, pero el año pasado no *recogerse* casi nada, a causa de la sequía.
11. Pepe no *querer* ir, luego *ir* y *divertirse* en grande.
12. Anoche, Pérez *estar* muy bien e *imponerse* con todas sus propuestas.

251. Español americano – español europeo

Sustituir los vocablos del español americano por los equivalentes del español europeo:
(Ejemplo: durazno – melocotón)

1. el saco
2. la pollera
3. el chancho
4. el carro
5. la mercadería
6. las papas
7. los porotos
8. la pileta
9. un boliche
10. las chauchas
11. una banana
12. el taco
13. la represa
14. la chompa
15. la guagua
16. el zapallo

252. Ejercicios sobre las preposiciones

Sustituir los puntos por la preposición conveniente:

1. Un vecino ha preguntado ... ti.
2. La reparación del coche me va ... costar un ojo ... la cara.
3. ... día siguiente ... la mañana, las tropas ... enemigo penetraron ... la fortaleza.
4. Don Quijote luchó, ... la Mancha, ... los molinos ... viento.
5. Voy a dar ... comer ... las gallinas.
6. El niño se durmió ... poco rato.
7. Tu primo vive ... lo conde.
8. El mendigo se fue ... puerta ... puerta.
9. Mi amigo está ... luto.
10. Carmen trabaja ... secretaria ... una casa ... comercio.
11. No le desprecies ... pobre.
12. Hoy no damos abasto ... todo, será ... otra vez.
13. Guarda el resto ... la comida ... mañana.
14. ... un principiante, hablas muy bien español.
15. ... el mes ... que estamos, hace buen tiempo.

253. Ejercicios de sintaxis

Remplazar las construcciones en infinitivo por las correspondientes en subjuntivo:

1. Te conviene estudiar. – Es conveniente ...
2. Necesitamos salir a tomar el aire. – Es necesario ...
3. Nos era imposible conciliar el sueño. – Era imposible ...
4. Me mandó ir a la ciudad. – Me mandó ...
5. Sería mejor para él permanecer en casa. – Sería mejor ...
6. Me aconsejó ir a ver al médico. – Me aconsejó ...
7. Le era preciso esperar. – Era preciso ...
8. Pasó mucho tiempo sin venir Vd. a vernos. – Pasó mucho tiempo ...
9. Nos será difícil localizarte entre tanta muchedumbre. – Será difícil ...
10. La madre prohibe a su hija salir de casa. – La madre prohibe ...
11. Te permito ir al cine. – Te permito ...
12. Le recomendé tomar el tren de las ocho. – Le recomendé ...
13. No nos fue necesario insistir más. – No fue necesario ...
14. Le bastará con dejarse ver para ser admitido. – Le bastará ...
15. Le aconsejé aprender de memoria aquel fragmento. – Le aconsejé ...

254. Ejercicios sobre el uso de los tiempos del pasado de los verbos:
(Extractos de textos literarios)

Pónganse los verbos que van entre paréntesis en el tiempo del pasado que exige el sentido de la frase.

1. (Ser) invierno. En el hogar (arder) una confortadora lumbrarada. En la casa sólo (haber) una mujer anciana que (andar) de un lado para otro. Los amigos de Miguel (ser bien acogido) y (sentarse) frente al fuego.
   (Azorín, «Con Cervantes»)
2. El avión (descender) rápidamente hacia el mar. Cada vez (percibirse) mejor las crestas de espuma sobre las olas verdes. En la memoria de Miguel Espejo (estallar) el recuerdo del accidente sobrevenido un año antes en aquel mismo lugar.
   (José Luis Sampedro, «Congreso en Estocolmo»)
3. [Yo] (ver) la primera luz de mi tierra en una bahía argentina del Atlántico. Mi padre (ser) un cirujano del hospital; mi madre una mujer suave, sal de la tierra en su bondad tranquila.
   Los dos, laboriosos y tan honestos de naturaleza que [yo] (ver) salvarse siempre algo del general naufragio humano. Mi primer amigo (ser) el viento que (venir) del océano. (Eduardo Mallea, «Historia de una pasión argentina»).

255. Ejercicios de vocabulario

Sustitúyanse las expresiones siguientes por una sola palabra:

1. medicina contra el veneno (contraveneno)
2. de la misma edad
3. del mismo país
4. de la misma ciudad
5. de la misma nación
6. de la misma época
7. el padre del abuelo
8. el hijo del hermano
9. que hace las veces de presidente
10. espacio entre dos reinados
11. cada tres meses
12. cada seis meses

13. caer de nuevo
14. volver a decir una cosa
15. dolerse con uno
16. más allá del mar
17. fuera de los muros
18. falta de orden
19. falta de piedad
20. falta de justicia

256. Ejercicios sobre el acusativo con y sin «a»

Súplanse los puntos por la preposición «a», en caso necesario:

1. El ministro recibió ... los periodistas en su despacho.
2. La semana pasada se discutieron en la O.N.U. problemas que afectan ... España.
3. Se convoca ... los Sres. accionistas para la semana que viene.
4. Esta agencia ha colocado ... tres secretarias en esta casa.
5. El delegado atacó, a la vez, ... colonialismo y ... imperialismo.
6. Desde hace unos años se observa ... un considerable aumento de turistas en España.
7. El Gobierno declara que apoya ... la Iglesia.
8. Después del accidente, vio ... su novia sin sentido, vio ... los cadáveres de los demás pasajeros.
9. El vencedor recibió ... un ramo de flores.
10. La mujer del Presidente espera ... su tercer hijo.
11. Mi padre tiene ... varios arrendatarios.
12. Ha muerto mi padre, pero aún tengo ... mi madre.
13. El perro seguía ... su amo (dueño).
14. Los corredores (agentes de bolsa) siguieron ... las cotizaciones con mucha atención.
15. Los bandoleros secuestraron ... un niño.

257. Ejercicios de lectura

Léanse los siguientes numerales:

5; 11; 78; 182; 213; 99; 18; 21; 1914; 547; 23.466; 10.000; 1174; 4711; 33; 1925; 1926; 37.466; 1.000.000; 237.434; 3786; $^2/_3$; $^4/_8$; $^3/_4$; 47%; 0,32%; 1,5; $^1/_8$; 1935; 22,11; 45.450,87; 1.127.438; $^5/_8$; 2.374.821; 12 de octubre de 1908; 443,78.

258. Ejercicios de sintaxis

Sustitúyanse las expresiones en infinitivo por una frase con conjunción:

1. *Al salir el tren*, mi hermana se puso a llorar. (Cuando salía el tren ...)
2. *Al estudiar los verbos*, fíjense Vds. en los participios irregulares.
3. *Al llegar a Madrid*, le llamaré por teléfono.
4. *De no hacer nada*, no tendrás éxito.
5. *Al enterarse de la noticia*, el general se puso pálido.
6. *De haber estudiado más*, hubieras aprobado el examen.
7. *Al leer su artículo*, me tuve que reir a carcajadas.
8. *Al morir el rey*, se quedó el trono sin sucesión.
9. *Por ser tu amigo*, te ayudaré.
10. *De no reconocerte*, no hubiera abierto la puerta.

259. Empleo de los verbos «ser» o «estar»

Suplir los puntos por las correspondientes formas de estos dos verbos:

1. Señor mío, aquí ... Vd. de más.
2. No ... de esperar que hiciera una tarde tan estupenda.
3. Mañana [yo] ... contigo todo el tiempo que quieras.
4. Yo también ... contigo en lo que se refiere a este asunto; es decir, ... de tu mismo parecer.
5. ... de suponer que la sesión ... a puerta cerrada *(futuro)*.
6. Por favor, déjame, hoy no ... para bromas.
7. [Yo] ... por escribirle una carta a tu padre y contárselo todo.
8. Gran parte del público ... por el Atlético de Madrid.
9. A pesar de lo joven que ... esa muchacha, ya ... casada; ... casada con un polaco.
10. La vida ... cada vez más cara en esta ciudad; los precios de algunas cosas ... por las nubes; desde luego, no ... para estos gastos.
11. Las cosas, cuando ... de buena calidad, ... siempre caras.
12. Aún ... de día; yo ... asomado a la ventana de mi habitación; la calle ... llena de gente; deben de ... las ocho.
13. Tú ... siempre en lo cierto cuando hablas.
14. Juan ... un chico muy listo, pero ... inquieto; no ... tranquilo ni un momento.
15. Te digo que ... imposible lo que dices, y que de tanto gritar te ... poniendo imposible.

260. Ejercicios de vocabulario

A. *Explicar los siguientes vocablos, haciendo frases:*

1. ológrafo
2. fungicida
3. didáctico
4. regicida
5. panegírico
6. fotogénico
7. herbívoro
8. antropófago
9. tísico
10. apícola
11. espeleólogo
12. callejero

B. *Dígase qué verbo corresponde a los siguientes sustantivos o adjetivos:*

1. el mártir (martirizar)
2. el legislador
3. la matrícula
4. el teléfono
5. el rodeo
6. el rodaje
7. el paseo
8. el paso
9. el arreglo
10. el monopolio

261. Ejercicios sobre el acusativo con y sin «a»

Súplanse los puntos con la preposición «a», en caso necesario:

1. En las monarquías, el soberano nombra ... los ministros; en las repúblicas, el presidente.
2. La madre perdió ... su hijo en la guerra.
3. Los E E.U U. necesitan ... España, y España necesita ... los E E.U U.
4. Es necesario proteger ... la sociedad contra delincuentes de esta índole.
5. Veo ... un niño en el prado. Veo ... Carlos que juega en la calle.
6. ... esto llamo suerte.
7. César venció ... Pompeyo.
8. No conozco ... nadie en este pueblo.
9. Nuestro pueblo necesita ... ministros inteligentes.
10. El perro mordió ... gato.
11. El equipo de fútbol italiano venció ... Francia.
12. ¿Quién sustituye ... jefe durante su ausencia?
13. Tenemos que llamar ... un médico.
14. No conozco ... esta familia.
15. Ayer por la tarde visité ... mis tíos y, al salir de su casa, encontré ... mi amigo Enrique en la calle.

262. Ejercicios sobre los «apreciativos»

A. *Indíquese en las palabras siguientes cuál es la palabra primitiva y qué matiz expresa cada apreciativo:*

gatito (de «gato», matiz expresado: «pequeño»)
islote – solete – solito – hombrecito – trenecete –
pobrecito – mantequilla – ricachón – grandote – nubarrón –
feote – plazuela – florecilla – cajón – chiquitín –
palomino – poblacho – villorrio – poetastro – mujerona –
amiguita – amigote – banderín – reyezuelo – guapote –
cabezón – amorío – riachuelo – poquitín – palabreja.
pequeñajo – palabrota – porcachón – cuartucho – padrazo.

B. *Fórmense los diminutivos de los sustantivos y adjetivos siguientes:*

pez – cuchara – burro – pájaro – paloma – barco – chico –
casa – José – Carmen – Francisco – Dolores – Juan –
Concepción – listo – calle – feo – río – máquina – risa –
grande – pequeño – animal – cuaderno – negro.

C. *Fórmense los aumentativos de los sustantivos y adjetivos siguientes:*

cuchara – hombre – libro – grande – boca – casa – bueno –
papel – dulce – animal – perro – torre – zapato – sol –
nube – ojos – sabio – pícaro – mano.

D. *Fórmense los despectivos de las palabras siguientes:*

pueblo – calle – aldea – poeta – caballo – pequeño –
papel – tipo – dulce – mujer – hombre – libro – santo –
feo – lugar – novela.

263. Ejercicios de vocabulario

Dígase cuál es la unidad monetaria:

de España
de Francia
de Italia
de Alemania
de Austria
de Rusia

de Perú
del Ecuador
de Venezuela
de Chile
de Argentina
de Méjico

de Grecia	de Colombia
de Rumania	de Bélgica
de Inglaterra	de Turquía
de Holanda	de Suiza
de los Estados Unidos	de Portugal
de Panamá	del Japón

264. Ejercicios sobre el uso del verbo «específico»

Sustitúyanse los puntos por el verbo que convenga:

A.
1. Tu hermano ... ya tres meses ausente.
2. El ministro ... su dimisión.
3. Paquita ... a Juanita un año (=tiene un año más).
4. El Banco Central ... los billetes.
5. En nuestra casa el Sr. Gómez ... los libros (de comercio).
6. Le voy a ... un cheque.
7. Espero que me ... el crédito solicitado.
8. El otro día el Tribunal Supremo ... un fallo interesante.
9. Tenemos que ... una decisión.
10. Hoy [yo] ... veinte años.
11. Esta obra viene a ... un hueco.
12. Esta fábrica ha ... un producto nuevo en el mercado.
13. Niño, no debes ... tacos.
14. Tienes que ... con tu obligación.
15. No me ... con cuentos.

B.
1. Este país es muy rico, por esto ha ... mucha codicia.
2. Ahora empieza el chico a ... el último curso del bachillerato.
3. Tu amigo es muy dinámico, por esto creo que ... adelante.
4. En la última guerra [nosotros] ... mucha hambre.
5. Tenemos que ... le una visita.
6. El presidente ... un llamamiento a toda la población *(futuro)*.
7. ¿Qué día se propone Vd. ... matrimonio?
8. Este asunto me ... mucha guerra.
9. Este anciano tiene más de 70 años, aunque no los ...
10. El barco ... contra un iceberg y al poco rato se ...

11. No sé cómo se las ... para vivir con tan poco dinero.
12. Este detalle me ... la atención.
13. En una situación tan compleja no se debe ... aceite al fuego.
14. Este plato no me ...
15. Hay pocos alumnos, hoy, habrá que ... lista.
16. Vd. ... las de perder.
17. No ... [tú] esta cara.
18. El presidente ... lectura al mensaje del Congreso.
19. ¡Vaya plancha que te has ...! *(popular)*
20. Nuestra ciudad ... homenaje a su alcalde *(presente)*.

265. Ejercicios de vocabulario

Completar con la palabra apropiada las frases:

1. para medir la temperatura, empleamos ... (el termómetro)
2. para medir la presión atmosférica, ...
3. para medir fuerzas, ...
4. para medir distancias, ...
5. para medir la humedad, ...
6. para medir la cantidad de agua de lluvia, ...
7. para levantar un cuerpo pesado, ...
8. para pesar, ...
9. para elevar líquidos, ...
10. para distinguir los objetos muy diminutos, ...
11. para observar los astros, ...
12. para ver a larga distancia, ...
13. para medir el tiempo, ...
14. para elevar grandes pesos, ...
15. para medir la velocidad del viento, ...

266. Ejercicios sobre los verbos «ser» y «estar»

Suplir los puntos con los verbos «ser» o «estar» según convenga:

1. Después de pasar un mes en la clínica [yo] ... aún muy débil.
2. Este acontecimiento ... muy triste.
3. El nuevo contable ... muy serio.
4. Los alumnos ... aplicados.

5. Hoy [tú] no ... muy aplicado.
6. La visita de los primos ... muy corta.
7. Esa falda te ... corta.
8. La comida ... muy abundante y ... muy rica.
9. [Yo] ... contento con su trabajo.
10. [Nosotros] ... felices.
11. Gracias, Vd. ... muy amable.
12. Esta mujer ... ambiciosa de mando.
13. Juan ... orgulloso.
14. Vds. pueden ... orgullosos de su hijo.
15. Estos zapatos ... muy anchos.

267. Ejercicios de vocabulario

Transformar las expresiones siguientes, según el ejemplo:

El cielo claro (la claridad del cielo)
el perro fiel
el alumno perezoso
una iglesia solitaria
la muchacha triste
el buey fuerte
un sabio distraido
el hierro duro
el hombre calvo
un tema difícil
una jugada genial
la mujer elegante
un artista sensible
un terreno árido
un edificio sólido
un cuerpo esbelto
una flor fragante
la cosecha abundante
la juventud alegre
un jugador hábil
el cisne blanco
el fruto maduro
la tempestad violenta

268. Ejercicios sobre el uso del verbo «específico»

Sustitúyanse los puntos por el verbo que convenga:

A.
1. La madre ... la ropa mojada en una cuerda.
2. Nuestros enemigos nos van a ... una trampa.
3. ¿Qué ... hoy en el teatro?
4. Tras haber ... muchas aventuras, volvió a su tierra.
5. Tengo que ... me de alta en la policía.
6. ...te un poco a la derecha.
7. Esto no lo ... [yo] en duda.
8. Me has ... un disgusto muy fuerte.
9. Todo ha fracasado; el jefe está ... chispas.
10. Aquí se ... puntos de medias.
11. El conductor del coche ... contra un poste.
12. Este coñac ... a jabón.
13. Esta habitación ... a la calle.
14. Hay que ... la cosa en broma.
15. [Nosotros] le ... una paliza el otro día.

B.
1. Me parece que [ellos] te ... el pelo.
2. Esta factura ... a su cargo.
3. Por fin se ha ... a conocer.
4. Este líquido ... un olor muy fuerte.
5. Entre Basilea y Holanda, el Rin ... de sur a norte.
6. Vamos a ... el cerrojo.
7. Tu casa me ... muy lejos.
8. Tienes que ... muchas precauciones.
9. De repente, el pájaro ... a volar.
10. Creo que de repente ha ... miedo.
11. El color de esta tela ... a verde.
12. Fuimos a cazar, pero no ... ni un tiro.
13. Este camino ... a la ciudad.
14. Este pintor se ... el primer premio.
15. No lo ... [yo] en serio.

269. Modismos y lenguaje popular

Comentar el significado de las siguientes expresiones y modismos:

1. A mi tía Enriqueta *le tocó el gordo* el año pasado.
2. No logré *meter baza* en toda la velada.
3. El asunto que me propones tiene *muchos bemoles*.
4. Mi amigo *se da mucho bombo* con su coche nuevo.
5. Cuando terminemos nuestro trabajo iremos a *echar un bocado*.
6. Estas frases van *a pedir de boca*.
7. La noticia corrió *de boca en boca*.
8. No *despegó la boca* en toda la sesión.
9. Es un tipo jorobado, y además *mira contra el gobierno*.
10. He gastado tanto este mes, que me he *quedado sin blanca*.
11. Juan es un *pintor de brocha gorda*.
12. Anoche el teatro estaba *de bote en bote*.
13. Ese empleadillo está *chupando del bote* desde hace mucho tiempo.
14. El presidente *brilló por su ausencia* en la reunión.
15. Esta tarde quiero jugar a la ruleta, porque *estoy de buenas*.

270. Fraseología y modismos

Explicar el significado de las expresiones que van en cursiva:

1. El jefe de mi sección *tiene buenas tragaderas*.
2. El ladrón consiguió *escurrir el bulto*.
3. Andrés es un hombre *de buena pasta*.
4. El hijo de mi vecino *es un bala*.
5. Salió corriendo *como una bala*.
6. Me parece que estás *tocando el violón*.
7. A esa rubita *se le sube a menudo el pavo*.
8. No te has enterado de nada, porque siempre *estás en el limbo*.
9. Antonio se marchó a América *a probar fortuna*.
10. No creas que allí *atan los perros con longaniza*.
11. Al oir aquel grito, *se me pusieron los pelos de punta*.
12. Ante aquella situación, *se me hizo un nudo en la garganta*.
13. La bandera estaba *a media asta*.
14. Yo estaba *pasmado de frío*, y mi compañero *estaba hecho un sorbete*.
15. En aquella situación tan crítica, *nos jugamos el todo por el todo*.

271. Ejercicios de vocabulario

Sustituir por un verbo con el prefijo «a-» o «en-», estas frases:

1. Ponerse más grave (agravarse)
2. Llegar más cerca
3. Perder carnes
4. Hacer apta una cosa
5. Tomar tierra un avión
6. Ponerse sobre el agua un avión
7. Hacer frente a una situación
8. Hacer más cómoda una cosa
9. Poner algo en condiciones
10. Cubrirse el cielo de nubes oscuras
11. Poner preso en la cárcel
12. Aumentar el precio de una cosa
13. Doblar una cosa poniéndola curva
14. Engalanar con adornos
15. Dar o causar sueño a uno
16. Pavimentar con adoquines
17. Guardar la línea
18. Ganar carnes y grasas
19. Dar la luz
20. Hacer más noble una cosa

272. Ejercicios de vocabulario

Califíquese a la persona o cosa que

1. no se cansa (incansable)
2. se puede tolerar
3. no deja pasar el agua
4. no se agota
5. llama la atención
6. se digiere con dificultad
7. no despide olor
8. da miedo
9. se enfada fácilmente
10. no tiene color

11. tiene la vista corta
12. no tiene voz
13. no tiene más que un brazo
14. no tiene cabeza
15. no tiene sabor
16. habla sin reflexionar
17. vive sin hacer nada
18. merece desprecio
19. no muere
20. está enferma a menudo

273. Ejercicios de vocabulario

Expresar lo contrario de estas ideas:
1. El cielo está despejado (cubierto de nubes, nublado)
2. Se trata de un escrito apócrifo
3. Son flores naturales
4. Tu hermano es pacifista
5. Esa fruta está todavía verde
6. Hace un viento suave
7. Tiene una inteligencia tarda
8. La comida era abundante y sabrosa
9. Le han nombrado jefe provisional
10. Emplea un lenguaje ampuloso
11. Ibamos por un terreno montañoso
12. Navegábamos por un mar tranquilo
13. La parte delantera de la nave se llama proa
14. Los países cercanos al mar gozan de un clima marítimo
15. Un espectáculo que se representa durante el día se llama un espectáculo diurno

274. Modismos

Explíquese el significado de los modismos que van en cursiva:
1. Me parece que Vd. *no tiene un pelo de tonto.*
2. No me gusta que *me tomen el pelo.*
3. Mi amigo *es hombre de pelo en pecho.*
4. Mira, que te pego una bofetada que te *enciendo el pelo.*

5. Juan *tiene ojos de lince.*
6. Aquel mendigo *se comía los codos de hambre.*
7. El profesor *hace la vista gorda.*
8. Los muchachos *se desternillaban de risa.*
9. Acostumbraba a *mirar a los demás por encima del hombro.*
10. Me quedé *mirándola de hito en hito.*
11. En aquella ocasión, también Enrique *hizo su agosto.*
12. Es un valiente, pues no *dio su brazo a torcer.*

275. Ejercicios sobre el verbo «específico»

Completar las frases siguientes:

1. ¿Qué asignatura ... este profesor?
2. Tengo que ... la ensalada.
3. El chico nos ha ... un gran disgusto: lo han ... en el bachillerato.
4. Tu amigo se ... el todo por el todo.
5. Voy a ... todo el interés en este encargo.
6. Mira, Carlos se ha ... novia en el balneario.
7. Su padre es portero, pero él se las ... de fino.
8. Mi hijo tiene que ... el bachillerato en la capital, porque en nuestro pueblo no hay colegio.
9. ¿Por qué queréis ... toda la culpa a Juan?
10. Este asunto me ... mucha guerra.

276. Ejercicios sobre el verbo «específico»

Sustituir los puntos por el verbo que pida el sentido de la frase:
A.
1. Le gusta ... la contraria.
2. Hay que ... paciencia.
3. Los ladrones ... un golpe al vigilante de la casa.
4. Allí hay una estación de servicio, vamos a ... gasolina.
5. Creo que Vd. ... razón.
6. Vamos a ... una vuelta.
7. Tenemos que ... las entradas para la corrida.
8. El cruzado, generoso, ... la vida a su enemigo *(pasado).*
9. He comprado un billete (de lotería), a ver si me ... el gordo.
10. Este silencio me ... loco.

11. El viejo estaba ... en sus pensamientos.
12. Creo que [tú] ... un riesgo muy grande.
13. Este libro ha ... mucho interés en el mundo de las letras.
14. Lo que ocurrió quedará ... en la memoria de todos los participantes.
15. Primero tengo que ... me una idea del trabajo que tengo que hacer.

B.
1. Este descubrimiento ... una fecha capital en la historia de la física.
2. El ministro ... un discurso.
3. Ayer el sabio ... una conferencia.
4. El banco le va a ... un crédito.
5. Quisiera ... te una pregunta.
6. Este sacerdote tiene que ... misa.
7. El nuevo Gobierno tiene que ... una política más enérgica.
8. Creo que este traje te ... muy caro.
9. Los soldados ... fuego al campamento enemigo.
10. Este medicamento se ha de ... en dosis muy pequeñas.
11. Se ha enfadado, pues me ... igual.
12. Vamos a ... una mirada (una ojeada) al programa.
13. Tengo ganas de ... un trago.
14. No ... [tú] caso a este cuentista.
15. El culpable se ... como un tomate.

277. Ejercicios de vocabulario

Dígase cuál es el significado de:

tridente (que tiene tres dientes)	sexagenario
tricornio	centenario
triángulo	polígamo
monógamo	poliglota
monolito	monólogo
monóptero	diálogo
bienio	dúo
trienio	trío
pentágono	triunvirato
pentagrama	terceto

278. Ejercicios sobre los verbos «ser» y «estar»

Colocar en el lugar de los puntos las formas de «ser» o «estar» que requiere el sentido de la frase:

1. No hay que maravillarse de que el tiempo ... tan frío, pues ya ... casi en invierno.
2. La sala donde ... las máquinas ... demasiado oscura, porque tiene las ventanas muy estrechas.
3. A perro flaco, todo ... pulgas *(Refrán popular).*
4. Los miembros de la dirección ... muy pacientes, pero ... que arden desde mi llegada.
5. Me parece que Luis ... tonto.
6. Cada vez ... más tonto, Pepe.
7. Manolo ... un tío muy fresco, y dice que si el pescado no ... fresco, no lo come.
8. Pues sí que [nosotros] ... frescos.
9. El café solo ... por sí amargo; pero si se le echa azúcar, ... dulce.
10. ... natural que el profesor ... tan amable cuando hablé con él, pues ... una persona sumamente amable.
11. Estos alumnos ... muy atentos durante las explicaciones, y ... generalmente muy atentos y corteses.
12. Paco ... más alto que su hermana, aunque ésta ... muy alta para la edad que tiene.
13. Aunque todavía no ... viejo, con tanto disgusto recibido ... aviejado.
14. Desgraciadamente no ... así.
15. Así te ... mejor el pelo.

279. Ejercicios de vocabulario

Sustitúyanse las palabras que van en cursiva por el adjetivo correspondiente:

1. una afección *del hígado (una afección hepática)*
2. la flora *de los Alpes*
3. la región *de los Andes*
4. la política en *materia de créditos*
5. una persona *que se olvida con facilidad de las cosas*
6. una región *donde se cultiva vino*
7. un terreno *que contiene cobre*

8. las sierras *de la costa*
9. el arte *de la caza*
10. un niño *que hace muchas preguntas*

280. Ejercicios de estilo

Buscar comparaciones que den colorido a las siguientes palabras:

Rojo como ... (una amapola)   cándido como ...
manso como ...   orgulloso como ...
puro como ...   feroz como ...
fuerte como ...   valiente como ...
negro como ...   testarudo como ...
blanco como ...   alegre como ...
fresca como ...   feo como ...
paciente como ...   duro como ...
astuto como ...   recto como ...
claro como ...   prudente como ...
frío como ...   medroso como ...
bueno como ...   hablador como ...
listo como ...   pobre como ...

281. Ejercicios sobre los verbos «ser» y «estar»

Suplir los puntos por las formas de «ser» y «estar» que exige el sentido de la frase.

1. Te aseguro que ... cansado de esperar, pues ... ya casi las nueve.
2. Hay personas que ... capaces de cualquier cosa, porque ... capacitadas para toda clase de negocios.
3. Antonio ... seguro de acertar, porque siempre ... muy seguro en sus negocios.
4. La portera ... muy confiada y deja las llaves sobre la mesa.
5. La educación de la muchacha ... confiada a una institutriz suiza.
6. El profesor ... un poco confuso, porque las respuestas de los alumnos ... bastante confusas.
7. Aunque de ordinario no ... cruel, no negarás que ayer ... bastante cruel con tu madre.
8. Este tipo me ... completamente desconocido.

9. Desde que te casaste, ... desconocido, Julio.
10. Amalia ... completamente distinta de su hermana, y después de teñirse el pelo, ... totalmente distinta.
11. La miel ... más dulce que el chocolate.
12. Este pastel ... demasiado dulce.
13. (En el manicomio), ni ... todos los que están, ni ... todos los que son (*popular*).
14. Soy viejo y nunca ... efusivo.
15. ¡Qué efusivo ... hoy, Carlos!

282. Metáforas de uso frecuente

Explicar las siguientes expresiones:

1. el líquido elemento
2. el buque del desierto
3. el sexo débil
4. la lengua de Cervantes
5. el Rey Católico
6. la Isla Dorada
7. llevar a la pantalla
8. el Libertador (América del Sur)
9. la Hija de Sión
10. la Ciudad Condal

283. Fraseología taurina

Explicar el significado de las expresiones que van en cursiva:

1. Los toros del domingo *salieron afeitados al ruedo*.
2. El *diestro*, después de la *corrida*, salió *por la puerta grande*.
3. El novillero *brindó el primer toro a un espectador de tendido*.
4. *La plaza estaba hasta las banderas;* no cabía un alma más.
5. Después del paseíllo, al son de un pasodoble, *el público comenzó a jalear*.
6. En el primer toro *hubo pitos y palmas;* pero en el segundo, el diestro *cortó dos orejas y rabo*.
7. Mató al bicho *de media estocada*.

8. *Al primer descabello*, protestó el público; *el presidente le dio un aviso*.

9. El maestro, en medio de una gran ovación, *dio la alternativa al novillero*, y, al final, los dos *dieron la vuelta al ruedo*.

10. El cartel de la corrida de mañana es muy bueno: *será rejoneado un toro*, y uno de los matadores *se cortará la coleta*.

284. Ejercicios sobre el uso del verbo «específico»

Sustitúyanse los puntos por el verbo que convenga:

A.

1. Tenemos que ... una decisión.
2. El ministro ha ... su dimisión.
3. Los expertos van a ... su dictamen.
4. El presidente ... sus funciones con mucho acierto,
5. La nueva ley ... vigor el primero de enero.
6. No sé qué actitud voy a ...
7. La nueva ley fue ... por el Presidente de la República.
8. No tienes que ... crédito a lo que te dice.
9. El mes que viene [yo] ... 30 años.
10. Me has ... un susto.
11. Nos es grato ... recibo de su carta del 21 de los corrientes.
12. A este pretendiente le han ... calabazas.
13. Le vamos a ... a paseo *(popular)*.
14. Hace mucho frío; tenemos que ... la vuelta.
15. Espero que Vd. no ... a las andadas.

B.

1. El otro día me ... de espaldas.
2. El tren ... una hora de retraso.
3. Vamos a ... el fresco.
4. Voy a ... telegrama a mi padre.
5. Este sinvergüenza se ... el sueco.
6. Nos costó no ... una carcajada.
7. Ahora hemos ... todos los obstáculos.
8. Tengo que ... en limpio este texto manuscrito.
9. Me ha querido ... un sablazo, pero le he ... a paseo.
10. Espero que ahora [tú] ... en razón.
11. Esta mujer me ... de quicio.
12. Juan no puede ... a su colega, porque le ... sombra.

13. No tomes café, porque no podrás ... el sueño.
14. La casa ... con todos los gastos.
15. Tengo la impresión de que Antonio ... la verdad.

285. Ejercicios de vocabulario

Sustitúyanse las palabras que van en cursiva por el adjetivo correspondiente:

1. un suelo *que contiene petróleo* (*petrolífero*)
2. la corte *del emperador*
3. una infección *del intestino*
4. la dignidad *de obispo*
5. la población *del campo*
6. las condiciones *del clima*
7. el blasón *del conde*
8. la arena *que contiene oro*
9. una inyección *que se pone debajo de la piel*
10. el cariño *de los padres*

286. Ejercicios de sintaxis

Sustituir las proposiciones conjuntivas por expresiones en infinitivo:

1. *Cuando llegué a casa* vi que no había nadie.
2. *Cuando Napoleón se dio cuenta* de que el enemigo disponía de fuerzas superiores, pidió refuerzos.
3. *Si no fuera* por ti, no lo haría.
4. *Antes de que salga* de Barcelona, tendré que arreglar este asunto.
5. *Si no conociera* a su padre, no le ayudaría.
6. *En cuanto llegué* allí, me di cuenta de mi error.
7. Estoy seguro de que *si pudiera* lo haría.
8. *Cuando salía* del cine me encontré con tu hermano en la calle.
9. No podrás arreglar el asunto *si no lo tomas* con más interés.
10. Procura llegar *antes de que amanezca*.
11. No encendí la luz *porque no quería despertarte*.
12. *Caso de que estemos* antes que él, no corremos peligro alguno.
13. *Si llegamos a tiempo* ya evitaremos el escándalo.
14. *Con que se me explique con calma*, ya me doy por satisfecho.
15. *Si ellos no se enteran antes*, ya lo arreglaremos nosotros.

287. Modismos

Explicar el significado de los modismos que van en cursiva:

1. Juan es hombre *de pelo en pecho*.
2. El vino *se va de madre*.
3. Este hombre ha *perdido los sesos*.
4. Al escucharte *se me ponen los pelos de punta*.
5. Este asunto lo *conozco al dedillo*.
6. Mañana es el día del sorteo; a ver si *me toca el gordo*.
7. Aún *está todo en el aire*.
8. ¡Mucho *ojo con* el fusil!
9. Tienes que *darme carta blanca*.
10. Tengo que *salir pitando*.
11. ¿Qué se le va a hacer? Hay que *aguantar mecha*.
12. Todo *está patas arriba* en esta casa.

288. Empleo de los verbos «ser» o «estar»

Colocar en el lugar de los puntos las formas de «ser» o «estar» que requiere el sentido de la frase:

1. La corrida de esta tarde ha ... muy buena; los toreros han ... muy bien; pero yo me he aburrido bastante, porque no ... aficionado a los toros.
2. El soldado ... bajo las órdenes del cabo.
3. Esas dos personas se odian tanto que ... a matar.
4. Ayer [yo] ... ocioso todo el día; todo el día ... mano sobre mano.
5. El traje que lleva ... muy caro; le ... en más de 3000 pesetas.
6. Hoy [yo] ... en (con) ánimo de ir a pasear un rato por el parque.
7. Ese desgraciado no ... en sí cuando cometió el crimen.
8. Causaba admiración ver a aquel muchacho delante del toro, y no ... para menos, pues ... un torero de lo que no hay.
9. Estas naranjas ... de Murcia; aquéllas, de Valencia.
10. Ese reloj que ... encima de la mesa ... un regalo de mi abuela; ... muy antiguo y ... de oro, pero no funciona, porque ... estropeado.
11. Esta mañana no quería salir de casa porque ... lloviendo.
12. La muchacha ... muy elegante con su traje de noche.

13. ¿Qué ha ... de Juan? ¿Dónde ... ahora?
14. No ... aquella la ocasión apropiada para gastar una broma.
15. Espere un momento, que ahora mismo ... con Vd.

289. Ejercicios de vocabulario

Expresar por medio de un verbo lo que significa

1. estar a cargo de uno una cosa (incumbir)
2. dejar sin efecto un contrato, obligación, etc.
3. echar a uno de su patria, generalmente por causas políticas
4. llegar a un país para establecerse en él
5. dejar un país para establecerse en otro
6. introducir una novedad en una cosa
7. enterrar un cadáver
8. hacer diligencias para el logro de algo
9. hacer dócil a un animal salvaje o fiero
10. separar las partes integrantes de una cosa
11. disipar los bienes con gastos desordenados
12. deshacer una cosa dividiéndola en partes menudas
13. ver desde lejos una cosa sin distinguirla bien
14. contribuir o ayudar a la consecución de una cosa
15. dirigir la palabra de manera grave y solemne

290. Metáforas de uso corriente

Explicar el significado de las metáforas siguientes:

1. la Ciudad–Luz
2. el rey de los animales
3. la Ciudad Eterna
4. el Rey Prudente
5. la Isla de la Calma
6. el Monstruo de la Naturaleza
7. la Ciudad Santa
8. el Peñón
9. el Emperador (por antonomasia)
10. la fiesta nacional

291. Ejercicios de vocabulario

Remplazar el complemento determinante por un adjetivo:

1. El azul del cielo (El azul celeste)
2. La ciencia del médico
3. La bondad del padre
4. El cariño de la madre
5. Amor entre hermanos
6. Una sociedad de música
7. La clemencia del rey
8. En forma de huevo
9. La fatiga del cuerpo
10. El paseo de los domingos
11. Arbol de muchos siglos
12. El paseo de la mañana
13. Relato que puede creerse
14. Relato que no puede ser verdad
15. Costumbre de hace mucho tiempo

292. Ejercicios sobre los verbos «ser» y «estar»

Suplir los puntos con los verbos «ser» o «estar», según convenga:

1. La ventana... abierta.
2. Tu jefe ... muy abierto.
3. Mi madre ... enferma.
4. Hoy tú no ... muy atento.
5. Esta novela ... muy aburrida.
6. Me gustaría ayudarle, porque ... agradecido.
7. Yo le ... muy agradecido.
8. El vino ... agrio.
9. El vinagre ... agrio.
10. Anoche el director ... muy amable contigo.
11. Hoy los niños ... antipáticos.
12. Este niño ... muy listo.
13. ¿... Vd. listo para salir?
14. ¿Qué te pasa? ... muy serio.
15. ¡Qué delgado ... Vd.!

293. Fraseología futbolística

Explicar las expresiones que van en cursiva:

1. El delantero centro *chutó un punterazo* y marcó un tanto.
2. El asunto *va que chuta;* de modo que ni hablar.
3. Me parece que *en este partido ha habido tongo.*
4. *En las quinielas* no acerté ni un resultado.
5. Juan Lanas es *un hincha apasionado del Atlético.*
6. El árbitro pitó falta al extremo izquierda, *por haber metido la zancadilla.*
7. Cuando el juez de línea alzó el banderín, el portero *hizo una parada fenomenal.*
8. El partido fue sumamente aburrido; el público estaba más pendiente del *marcador simultáneo* que de *lo que ocurría sobre el césped.*
9. Un equipo de primera división, con cinco ases, jamás puede *encajar tres tantos* jugando contra un equipo regional. *Les falta correa.*
10. *El cuero rebotó contra el poste. No fue gol de milagro.*

294. Ejercicios de vocabulario

Expresar las ideas siguientes con un verbo compuesto:

1. Poner (a uno) preso en la cárcel (encarcelar)
2. Poner (a uno) en camino
3. Meter (una cosa) dentro de un cajón
4. Dar ingreso (a personas, mercancías, etc.) en una embarcación
5. Poner en casillas
6. Poner en fila (varias cosas)
7. Poner (una cosa) dentro de su funda
8. Meter ciertos géneros en recipientes adecuados para su transporte o conservación
9. Poner dentro de una jaula
10. Poner debajo de tierra

295. Ejercicios sobre las preposiciones

Sustituir, en caso necesario, los puntos por la preposición adecuada:
A.

1. ¿Iremos ... coche, ... caballo o ... pie?
2. El Presidente ha ganado una batalla política ... sus adversarios.
3. No me gusta ... jugar ... fútbol.

4. El Estado se había incautado ... todos los bienes del político exilado.
5. El ministro se niega ... facilitar más detalles ... este asunto.
6. Creo que tenemos que andar ... mucho cuidado.
7. Nuestra hermana gustaba ... toda clase de diversiones.
8. Con tu amigo nunca sabe uno ... qué atenerse.
9. Estoy seguro ... que tu jefe no reparará ... gastos.
10. ¿Qué contratista se hace cargo ... las obras?

B.
1. Viviremos ... el campo, pero sin prescindir ... la criada.
2. Soy muy aficionada ... la música.
3. La mayoría de nosotros comemos un poco más ... lo preciso.
4. Este enfermo es muy propenso ... cálculos biliares.
5. El comerciante, deseoso ... complacer ... sus clientes, ofreció ... hacer la reparación de la radio gratis.
6. El rey prefiere ... viajar ... incógnito.
7. Procuraremos ... resolver los problemas pendientes.
8. Mi tío me enseñó ... nadar.
9. El hispanista español Ramón Menéndez Pidal murió ... 1968 ... la edad ... 99 años.
10. El verdadero sabio goza pocas veces ... popularidad.

296. Ejercicios de sintaxis

Sustitúyanse las oraciones subordinadas por palabras o locuciones más cortas y precisas:

1. Hablaremos del asunto *después que yo haya regresado* (de mi regreso) (a mi regreso).
2. Me han dejado confuso *las manifestaciones que has hecho*.
3. Debemos juzgar a los demás, no con arreglo a *lo que dicen*, sino a *lo que hacen*.
4. Quisiera saber cuáles son exactamente *las cosas que prefieres*.
5. No comprendo bien *la conducta que has seguido* en ese asunto.
6. Se trata de un trabajo *que cada uno debe realizar por sí mismo*.
7. El padre estaba admirado de *que su hijo hubiese tomado aquella determinación*.
8. Aquel ruido, *que no cesaba un momento*, nos impedía *que durmiésemos*.
9. La Cámara exigió *que el Presidente presentase su dimisión*.
10. No terminarás nunca *si trabajas* tan despacio.

297. Ejercicios sobre el uso del verbo «específico»

Suplir los puntos por el verbo pertinente:

1. El médico ... un medicamento al enfermo.
2. Tu amigo ... un alto puesto en la administración de la Empresa.
3. El orador ... un importante discurso.
4. No me gustaría que [tú] ... el secreto.
5. Al soldado le han ... una licencia de tres meses.
6. La noticia de su muerte me ... un gran pesar.
7. Esta película ha sido ... en los estudios de Chamartín.
8. Le ... un golpe en la cabeza que le hizo ... mucha sangre.
9. El buque ... anclas a las seis de la tarde.
10. El pasaporte ha sido ... a nombre de Antonio Pérez.
11. El notario ... copia de la escritura que había ... un día antes.
12. ... asco tocarlo.

298. Ejercicios de vocabulario

Expresar por un verbo lo que significa:

1. salir fuera del carril (descarrilar)
2. ir a pasar el verano en alguna parte
3. reunir y guardar dinero o cosas de valor
4. ser suficiente
5. hacer diligencias para hallar a una persona o cosa
6. andar frecuentemente de calle en calle sin necesidad
7. tener falta de alguna cosa
8. poner frente a frente
9. poner una cosa en claro
10. recoger el fruto de las viñas

299. Ejercicios sobre los verbos «ser» y «estar»

Suplir los puntos con los verbos «ser» o «estar», según convenga:

1. Tu hermano ... alto.
2. Para su edad este niño ... muy serio.
3. No tenemos más dinero, pues ... frescos.
4. Este individuo ... muy fresco.
5. El clima de esta región ... fresco.
6. Ponte el abrigo, el día ... muy fresco.

7. Este pobre niño ... ciego.
8. El malvado ... ciego de odio.
9. Anda a trabajar, [tú] no ... sordo.
10. El viejo ... sordo.
11. Vuestro portero ... muy colérico.
12. No me gusta estar con tu colega porque ... muy frío.
13. La sopa ... fría; voy a calentarla.
14. Los andaluces ... alegres.
15. Hoy [tú] no ... muy alegre.

300. Ejercicios de vocabulario

Expresar las ideas siguientes por medio de una sola palabra:
1. En la noche de ayer (anoche)
2. En la noche de anteayer
3. Que precede en lugar o tiempo
4. Época anterior a una guerra
5. Tiempo que sigue a una guerra
6. Dicho con anterioridad
7. Anterior al diluvio universal
8. Lo que se añade a una carta ya concluida y firmada
9. Ultimo período o últimos años de la vida
10. Descendencia o generación venidera
11. Fecha falsa de un documento, anterior a la verdadera
12. Anterior en tiempo
13. Pieza delante de la sala principal
14. En tiempo antiguo
15. En esta época

301. Ejercicios sobre el uso del indicativo o subjuntivo

Establecer la debida concordancia de los verbos que van entre paréntesis:
1. No creo que tu amigo (venir).
2. Estoy convencido de que Carlos (triunfar, *futuro*).
3. Me temo que (llover).
4. Haz por él lo que (poder).
5. Mientras yo (vivir) no olvidaré este acontecimiento.
6. Vd. hará lo que yo le (mandar).

7. Mientras tu jefe no te (decir) nada, (seguir) [tú] con tu trabajo.
8. Si [nosotros] (tener) más dinero, nos compraríamos un coche.
9. El médico le recomendó que (seguir) con su régimen.
10. [Yo] le (cortar, *futuro*) el pelo lo mejor que (poder).

302. Ejercicios de sintaxis

Sustituir las expresiones en infinitivo por otras equivalentes, empleando las conjunciones adecuadas:

1. *De no ser así*, no intervendría.
2. Llegamos a la cumbre *al ponerse el sol*.
3. *Con ser tan listo*, no aprobó el examen.
4. *De haber nacido un año antes*, Napoleón hubiera sido italiano.
5. No pude venir el otro día *por estar enfermo*.
6. *De haberme enterado de esto*, no hubiera venido.
7. *Al salir de la Universidad*, vi al nuevo rector.
8. *A no ser quien es*, mi padre hubiera tenido muchas dificultades.
9. *Con decirte* que he trabajado como un negro, aún te digo muy poco.
10. *Al no encontrarte en casa*, me marché.

303. Acusativo con o sin «a»

Súplanse los puntos con la preposición «a», en caso necesario:

1. En el monasterio de Montserrat, se venera ... la Virgen patrona de Cataluña.
2. Hace tres días dejé ... Valencia para venir a pasar una temporada en Alemania.
3. He visitado ... Barcelona, ... Burgos y también ... La Coruña.
4. Quiero ... mi familia, ... mis amigos y ... todo lo que tiene relación con mi patria.
5. Los árabes conquistaron ... España.
6. Ante la gravedad del caso, tuvimos que llamar ... mejor médico de la ciudad.
7. ¿Conoces ... alguien de la reunión? – No conozco ... nadie.
8. Cuando visité ... los EE. UU. conocí ... un muchacho que estudiaba medicina.
9. La madre reñía ... su hijo porque desobedecía ... sus mandatos.

10. El cazador mató ... la perdiz de un tiro e hirió ... otra en un **ala**.
11. Ayer encontré ... tu amigo en el café, y también vi ... tu hermana paseando por la calle.
12. Antes de vencer ... sus enemigos, tuvo que vencer ... muchos obstáculos.
13. Aquella madre desnaturalizada abandonó ... su hijo.
14. Calígula quiso decapitar ... todos los soldados que se habían rebelado en el Rin 23 años antes.
15. Los Reyes Católicos establecieron ... la Inquisición, expulsaron ... los judíos y conquistaron ... Granada.

304. Metáforas de uso corriente

Explíquese lo que se designa con las siguientes expresiones:

1. la reina de las flores
2. el rey de los animales
3. la Isla Esmeralda
4. el Rey Sabio
5. el Azote de Dios
6. la Ciudad del Turia
7. el Canciller de Hierro
8. la Soberbia Albión
9. la Ciudad del oso y del madroño
10. el Manco de Lepanto

305. Lenguaje estudiantil

Explicar las expresiones del lenguaje estudiantil que van en cursiva:

1. Espero que el profesor no me pregunte nada. *Voy pez.*
2. Me he hecho una *chuleta* para el examen de mañana.
3. Eres un *chivato.*
4. Me han *cateado* en el examen.
5. Julio es un *empollón.*
6. El profesor me ha hecho una pregunta *de pega.*
7. En ese Instituto aprueba todo el mundo: es *un coladero.*
8. A nuestro amigo Felipe *le han dado calabazas.*
9. Pedro *se fuma la clase* muy a menudo.

10. Ese profesor es un *tostón*.

11. La película de ayer fué *un rollo*.

12. Carlos está *enchufado* con el director.

13. El que *abra el pico* se *la carga*.

14. En el examen de ciencias *se copia* fácilmente.

15. No te apures: ya te *soplaré*, aunque esté el bedel *delante de tus narices*.

306. Ejercicios de estilística

Completar los siguientes modismos comparativos:

1. Esto es tan claro como ...

2. Los dos gemelos se parecían como dos ... de agua.

3. De pronto se puso blanco como ...; pálido como ...

4. Ese hombre cambia de opinión como de ...

5. No me gusta ese individuo; es orgulloso como ...

6. Mi amigo es sordo como ...

7. Estaba temblando como ...

8. Me aburro como ...

9. Los guardias no podían alcanzarlo, porque echó a correr como ..

10. Los dos hermanos se odiaban mucho. Vivían como ...

11. Luisa canta todo el día; es alegre como ...

12. Conozco la ciudad como ...

13. Sus cabellos eran suaves como ..., y sus labios rojos como ...

14. Está siempre borracho. Bebe como ...

15. Mi padre fuma mucho. Fuma como ...

16. Desconfiad de ese individuo; es astuto como ...

17. Aquel muchacho trepa a los árboles con facilidad. Es ágil como ...

18. Tu hijo persiste en su desobediencia. Es testarudo como ...

19. La noche está oscura como ...

20. Mi primo come más que ...

307. Ejercicios de estilística

Asignar un sinónimo más «corriente» a las siguientes palabras cultas o literarias:

1. el corcel
2. el lecho
3. la lid

4. el galeno
5. el estío
6. la mansión

7. el cayado (báculo)
8. la faz (rostro)
9. el semblante
10. el certamen
11. la pugna

12. la urbe
13. la nao (nave)
14. la sede
15. el óleo
16. el lebrel

308. Lenguaje popular y vulgar

Sustituir las expresiones populares y vulgares por las correspondientes del lenguaje corriente:

A.
1. Qué película *echan* hoy?
2. *Me largo*, que es tarde.
3. Este *tío* es de poca confianza.
4. Esa *tía* es muy *fresca*.
5. Dale una *patada* a este *chucho*.
6. El domingo, *las marmotas* salen con los soldados.
7. Me han regalado una *bici*.
8. Vaya unos amigos; ahora quieren que yo *cargue con el paquete*.
9. Tengo que ir a la *poli*.
10. Este coche sí que *chuta*.
11. A ver si esta vez *carbura* Hacienda.
12. Menudo *follón se va a armar*.

B.
1. Te ayudaré, claro está; ya sabes que *no soy de piedra*.
2. *No te rompas la cabeza*, todo se arreglará.
3. El hijo de mi vecino *se lleva la palma de perezoso*.
4. Se marchó *a la chita callando*.
5. ¡*Que me maten*! Así fue, tal como te lo digo.
6. Me decidí a *tomar las de Villadiego*.
7. No creas que te ayudarán *por tu linda cara*.
8. Esto *no tiene vuelta de hoja*.
9. Cuidado que no te *den gato por liebre*.
10. Aquí no *me encuentro a mis anchas*.
11. A mí me va a *dar algo*.
12. Tengo *una gazuza que no veo*.

309. Ejercicios sobre el régimen de verbos, adjetivos, etc.

Colocar en el lugar de los puntitos la preposición pertinente:

1. Su actitud huele ... traición.
2. No se atreve ... decir la verdad.
3. Estoy de acuerdo ... su propuesta.
4. Vamos a jugar ... ajedrez.
5. Se quejó ... tu conducta.
6. Hemos quedado ... firmar el contrato el lunes.
7. No quiero quedar mal ... mis amigos.
8. Esta niña está enferma ... pulmón.
9. Estoy harto ... sus mentiras. Esto pasa ... castaño oscuro.
10. Hemos ... cambiar ... tren ... Ginebra.
11. Bienaventurados los pobres ... espíritu.
12. ¿Quién cuidará ... los niños?
13. El perro cojea ... la pata derecha.
14. El comerciante quiere deshacerse ... los artículos anticuados.
15. Yo respondo ... su solvencia.

310. Giros y locuciones

Suplir los puntos por las palabras o expresiones pertinentes:

1. Es una persona amable y caritativa; tiene un corazón de ...
2. Al oír aquella escena, se me puso la carne de ..., y mis cabellos se pusieron de ...
3. No trates de convencerle con palabras; eso es predicar en el ...
4. En tiempo de guerra, muchas gentes realizan ganancias ilícitas. Pescan ... ... revuelto.
5. Juana no atendía a las explicaciones del profesor; casi siempre estaba en la ...
6. Después de haber desvalijado la casa, el ladrón tomó las de ...
7. No quiero deternerme en ese pueblo; prefiero pasar de ...
8. En toda la noche no he ... un ojo.
9. Todo el mundo se calló. Se hubiera oído volar a una ...
10. Su mujer manda en casa; es ella la que lleva los ...
11. Tengo un amigo que nunca procede como los demás. Le gusta nadar contra la ... y llevar siempre la ...
12. Ese muchacho es muy torpe. No ha inventado la ...
13. Los cuadros de ese pintor son carísimos. Cuestan un ... de la cara.
14. Pedro ha faltado a la escuela sin saberlo sus padres. Ha hecho ...
15. Estoy absolutamente seguro de ello. Pondría la mano en el ...

311. Palabras truncadas

En el lenguaje familiar y en algunas lenguas especiales se usan palabras truncadas o abreviadas, por ej. bici (f) = bicicleta (f). Explíquense las palabras truncadas siguientes:

La poli	el subte	el profe
la polio	la tele	la mili
el cine	el micro	la moto
la taquimeca	las mate	el bachi
el dire	el taxi	el limpia
el pre-u		

312. Ejercicio sobre las preposiciones

Suplir los puntos con la preposición que convenga:

Asalto ... un banco ... Valladolid ... una pistola ... plástico.
... la agencia urbana número 1 del Banco ... Bilbao, instalada ... la plaza del Ochavo, se cometió un atraco ... mano armada ... dos individuos. Gracias ... la arriesgada reacción ... personal ... la agencia, y ... la colaboración ... público, advertido ... suceso ... el timbre de alarma del banco, los atracadores fueron detenidos.
... iniciar el personal del Banco las operaciones, esta mañana, entraron los atracadores: dos muchachos ... 18 ... 19 años de edad, desenvolvieron una pistola que llevaban ... un pañuelo y se taparon los rostros ... otros pañuelos. Conminaron ... personal ... levantar los brazos y volverse ... cara ... la pared. ... un saquito que llevaban metieron el dinero que había ... los cajones del mostrador y uno de los atracadores bajó ... sótano, apoderándose ... otra cantidad. En total, la cantidad sustraída ascendía ... 750.000 pesetas.

313. Americanismos

Dar el equivalente de las voces y giros americanos en el español peninsular:
1. Hay que ver como Pepe *maneja el carro.*
2. Tenemos que *apurarnos,* el tren sale a las tres. ¿Tienes los *boletos?*
3. Los países al otro lado de *la cortina de hierro* exportan muchos productos agrícolas.
4. ¿Quieres fumar? ¿No tienes *fósforos?*
5. Hace mucho calor. ¿Por qué no te quitas el *saco?*
6. Tu tío tiene mucha *plata.*

7. Llevas una *argolla* muy bonita.
8. Yo soy muy *friolento*.
9. Tenemos que comprar un saco de *papas*.
10. Tenemos que *botar* estos desperdicios.
11. Pase no más.
12. ¿Qué hubo? (se pronuncia *quiúbo*).

314. Ejercicio sobre el uso de «ser» y «estar»

Suplir los puntos por la correspondiente forma de «ser» o «estar»:

1. La suerte . . . echada. Mi hija quiere . . . secretaria.
2. Hoy [tú] no . . . muy alegre.
3. Se dice que los renanos . . . alegres.
4. Oye, niño, no grites tanto, no . . . sordo.
5. El pobre viejo . . . sordo.
6. Me parece que este pescado no . . . fresco porque huele.
7. Estos chicos . . . muy frescos.
8. Actualmente el tiempo . . . muy fresco.
9. El clima de aquel país . . . muy fresco.
10. El coche tiene un pinchazo y esto en medio de la carretera, pues . . . frescos.
11. ¿Qué te pasa? [Tú] . . . triste.
12. ¡Pobre hombre! El fin de su carrera, al principio tan brillante, . . . (pasado) muy triste.
13. Mi hermana . . . enfermera
14. Mi hermana . . . de enfermera en una clínica privada.
15. ¿. . . [tú] contento? – Yo . . . completamente feliz.

315. Argentinismos

Dar el equivalente de los argentinismos (en cursiva) en español peninsular:

1. En un *boliche* entró un hombre que tenía fama de *peleador*.
2. Buscamos una *mucama*.
3. No teníamos más permiso / ni otro alivio la *gauchada* / que salir de madrugada. (J. Hernández, *Martín Fierro*)
4. El gaucho se sentó junto al *fogón* mientras su *china* dormía.
5. Cuando llueva, *recién* vamos a sembrar.
6. *Vos tenés* una *pollera* muy *linda*.
7. *Chaucito*, tengo que *agarrar* el tranvía.

8. He encontrado un *departamento* muy *lindo.*

9. Vamos al *mercadito.*

10. Se ha armado un *bochinche.*

316. Ejercicios sobre el uso de las preposiciones

Colóquese la preposición que corresponda donde haga falta:

1. Pasamos ... Avila ... las dos ... la madrugada.
2. Lo que tú llamas gripe no pasa ... ser un resfriado ... importancia.
3. ... la fiesta ... pueblo lo pasamos ... grande.
4. Ahora pasaremos ... ver el último capítulo.
5. Pásese Vd. ... la oficina mañana ... primera hora.
6. Ya hemos pasado ... máquina más ... 300 páginas.
7. Leyó la carta ... sus padres, pero pasando ... alto algunos párrafos.
8. Aquel invierno pasamos ... un frío atroz.
9. Ya ha pasado ... mejor vida la pobre.
10. Mamá, no te vayas ... pasar ... la estación como la última vez.
11. Por algo será si no pasa ... curso siguiente.
12. Soy muy sufrido, pero no estoy dispuesto ... pasar ... todo.
13. No tiene pretensiones, siempre se ha pasado ... poco.
14. Pasa ... tonto, pero sus notas ya las querías tú.

317. Ejercicios sobre el uso del gerundio

Sustitúyase por el gerundio la parte de la oración que va en letra bastardilla:

1. Se levantó *y dijo:* «Hemos terminado.»
2. *Seguiremos sus instrucciones y* le enviaremos las muestras por correo aéreo.
3. *Si lo dice Vd.* no tengo motivos para dudar.
4. «¡Narices!» dijo *y me sacó la lengua.*
5. *Cuando me encuentre* a solas con él, ya le ajustaré las cuentas.
6. *Cuando vio* que no conseguía nada por las buenas, se puso hecho una fiera *y soltó* una retahila de tacos de los más groseros.
7. *Si tomas esos mejunjes,* ya no te pondrás bueno mientras vivas.
8. *Cuando vieron* que no cesaba de llover, decidieron quedarse.

9. *Si tenemos* en cuenta las condiciones, aquello no es **negocio**.
10. *Si lo tomamos* a chirigota no resolvemos nada.
11. Dijo: «Vengo hecho migas» *y se dejó* caer en la butaca.
12. *Se agarró* a la barandilla *y* subía la escalera trabajosamente.
13. *Hizo de tripas corazón y* echó a andar.
14. «Canallas!» rugió *y se lio* a patadas con los atracadores.
15. *Si lo pedimos* por teléfono, lo tendremos aquí en cinco minutos.

318. Ejercicios sobre el uso de las preposiciones

Colóquese la preposición correspondiente donde haga falta:

1. Eres capaz ... acabar ... la paciencia ... un santo.
2. Acabamos ... enterarnos ... lo que te pasó.
3. Te pasas la noche estudiando y acabas ... no saber ni jota.
4. Francamente, yo no acabo ... comprender cómo ha podido ser.
5. La gripe se llama «once» porque empieza ... uno y acaba ... uno.
6. Ya han empezado ... hacer la maleta.
7. Todas estas palabras terminan ... s y no ... z.
8. Acababa yo ... terminar ... la jornada, cuando empezaron ... llegar ... la obra muchos curiosos.
9. A ver si acabas ... explicarte de una vez.
10. Mira, eso va ... gustos.
11. En aquella época, la chica anduvo ... un grupo de cómicos.
12. Vaya Vd. ... saber quiénes son los que ahora andan ... el hotel.
13. Son terribles esas tías, andan ... la greña todo el santo día.
14. Ahora vamos ... compras y luego nos iremos ... merendar ... un café.
15. No te preocupes, voy ... allá en seguida.
16. El novio ya va ... los cincuenta años.
17. Dices que no va ... ti eso, pero no vayas ... equivocarte.
18. Tome Vd. un taxi, no vaya ... ser que pierda el tren.
19. Váyase ... cuerno, hombre y no se le vaya ... ocurrir ir ... contar semejante burrada a todo Cristo.
20. Anda, Curro, vete ... ... otra botellita de anís.

319. Ejercicios sobre el uso de los tiempos y modos verbales

Colocar el verbo que va entre paréntesis en la forma que pida el sentido de la frase:

1. Cuando [yo] (entrar) [pasado] en el despacho del director, éste me (indicar) con un gesto que (ocupar) el asiento que (haber) al otro lado de la mesa escritorio.
2. Es posible que [yo] (haber fracasado) y que nadie (poder) ayudarme a no ser que tú lo (hacer).
3. En este pueblo encantador no hay peligro de que nosotros (llegar) a aburrirnos.
4. Bajo la presidencia del Jefe del Estado (reunirse) ayer el Consejo de Ministros, al que (asistir) todos los ministros, quienes (cambiar) impresiones poco antes de iniciarse la junta.
5. Cuando Pérez (estar) borracho, no hay quien lo (aguantar).
6. Cuando [tú] (tener) tiempo, sería conveniente que (ir) a ver al alcalde.
7. Supongo que tu hermano (haber recibido) mi telegrama.
8. Suponiendo que los arrendatarios no (estar) de acuerdo con la modificación del contrato, ¿qué (pensar) hacer?
9. Cuando [yo] (ver) a mi hijo, al salir del colegio, ya me (suponer) que no (aprobar) el examen.
10. Aunque (ser) ya las once, me (parecer) urgente que [tú] (ir) a buscar al médico.

320. Ejercicios de sintaxis

Modifíquese el orden de palabras, anteponiendo los complementos al sujeto y reemplazándolos luego por los pronombres correspondientes:

(Ejemplo: Vd. enviará la factura a los padres del chico –
La factura se la enviará Vd. a los padres del chico.
A los padres del chico les enviará Vd. la factura.
Vd. se la enviará a los padres del chico.
Vd. les enviará la factura.
Se la enviará.)

1. Hemos prestado las maletas a un turista.
2. El revisor enseñó los billetes al jefe de tren.
3. Pusieron un cable a la familia.

4. El padrino regaló el collar a la novia.
5. Vendí el coche a unos tipos muy estrafalarios.
6. Un practicante de aldea puso un par de inyecciones a los heridos.
7. Hemos comprado el televisor a los abuelos.
8. ¿Has devuelto los libros al vecino?
9. Acabo de girar el importe a la fábrica.
10. Devolveremos la escritura al notario.